Eins, zwei, drei! Im Sauseschritt
Läuft die Zeit, wir laufen mit.

Wilhelm Busch

LECKER

ratzfatz gekocht!

impressum

Redaktion LECKER:
Jessika Brendel (Chefredaktion)
Angela von Heiden, Judith Klaus, Swantje Ronge, Claudia Schacht
Silke Schlichting (Schlussredaktion)

Projektkoordination: Bettina Snowdon

Konzept: Ulrike Abeldt
Gestaltung: Tatjana Wittke
Illustrationen: 1979, 1980, 1983 by Dover Publications, Inc.
1991 by Dover Publications, Inc.
1997 by Dover Publications, Inc.
Tatjana Wittke
Foodfotos: Redaktion Food & Foto, Hamburg
Fotos: Judith Klaus, Tatjana Wittke

Die Ratschläge in diesem Buch wurden von Autoren und Verlag sorgfältig erwogen und geprüft, dennoch kann eine Garantie nicht übernommen werden. Eine Haftung der Autoren bzw. des Verlags und seiner Beauftragten für Personen-, Sach- oder Vermögensschäden ist ausgeschlossen.

www.edel.de
1. Auflage 2009

Printed in Germany

ISBN 978-3-941378-32-2

inhalt

alles wird lecker ...
... aber bitte ratzfatz!

„Ach, herrje! Ich muss heut' ja noch das Unkraut putzen, die Kinder jäten und die Fenster zum Sport bringen!" In eine solch verspannte Situation kommt jeder mal. Man irrt wie ein kopfloses Huhn umher und weiß gar nicht, was man eigentlich zuerst tun soll. Dazu kommt, dass das Brötchen am Morgen das Einzige war, was man den Tag über gegessen hat. Daher isst man, direkt am Kühlschrank stehend (oder noch schlimmer: an der Süßigkeitenschublade hängend), irgendein sinnloses Zeugs. Zum Kochen hat man ja eh keine Zeit. Denkste. Mit diesem Buch möchte ich dagegenhalten. Denn 25–30 Minuten zu investieren, um etwas Leckeres auf den Tisch zu bringen, lohnt sich immer. Eine schnelle Nudel, eine heiße Suppe oder ein ehrliches Steak sind schnelle Gerichte und setzen mit jedem Bissen Entspannung frei. Oder haben Sie schon mal erlebt, dass Sie NACH einem guten Essen gestresster waren als VORHER? Satt und zufrieden denkt man doch: „Ach, die Kinder kann ich ja auch morgen noch jäten."

Viel Spaß beim Kochen wünscht Ihnen

jessika brendel

expressküche

60
5
10
15
20
25 min
30
35
40
45
50
55
MADE IN GERMANY

broccoli-schnitzel-pfanne mit röstbrot

Das dünne Fladenbrot wird bei diesem Gericht gleich mitgebraten, und alles hat nur 320 Kalorien

ca. 25 Minuten · *ganz einfach* · *Portion ca. 1,60 €* · *Portion ca. 320 kcal · E 36 g · F 11 g · KH 18 g*

Zutaten für 4 Personen:

- 2 Knoblauchzehen
- 300 g Magermilch-Joghurt
- Salz, Pfeffer
- 1 Msp. gem. Kardamom
- 2 TL Zitronensaft
- 500 g Broccoli
- 4 dünne Weizen-Tortillas (türk. Lebensmittelladen)
- 400 g Schweineschnitzel
- 2 EL Olivenöl
- 1 Msp. Gemüsebrühe (Instant)

1 Knoblauch schälen, hacken und in den Joghurt rühren. Mit Salz, Pfeffer, Kardamom und Zitronensaft abschmecken.

2 Broccoli putzen, waschen und in sehr kleine Röschen schneiden. Brot in kleine Stücke reißen oder schneiden. Fleisch trocken tupfen und in feine Streifen schneiden.

3 Öl in einer Pfanne erhitzen. Fleisch und Brot darin rundherum 2–3 Minuten braten. Mit Salz und Pfeffer würzen und beides herausnehmen. Broccoli im Bratfett kurz anbraten. 150 ml Wasser und Brühe zugeben und 4–5 Minuten köcheln. Brot und Fleisch unterheben. Broccoli-Schnitzel-Pfanne mit Joghurt servieren.

garnelen in Knoblauchöl

Diese pikante Pfanne duftet herrlich! Das macht mächtig Appetit, bei ganz wenig Aufwand

ca. 25 Minuten · *ganz einfach* · *Portion ca. 3,50 €* · *Portion ca. 540 kcal · E 28 g · F 32 g · KH 4 g*

Zutaten für 4 Personen:

- 6–8 Knoblauchzehen
- 2 Bio-Zitronen
- 600 g rohe geschälte Garnelen
- 1 Bund Petersilie
- 6–8 EL Olivenöl
- Salz, Pfeffer
- 1 TL Edelsüß-Paprika
- 4 EL Brandy

1 Knoblauch schälen und in feine Scheiben schneiden. Zitronen heiß waschen, abtrocknen und halbieren. 1 Zitrone in Spalten schneiden, die andere auspressen. Garnelen waschen, evtl. den dunklen Darm entfernen. Mit Küchenpapier trocken tupfen. Petersilie waschen, trocken schütteln und hacken.

2 Öl in einer schweren Pfanne stark erhitzen. Garnelen darin unter Wenden 3–4 Minuten braten. Nach 2 Minuten Knoblauch zufügen und mitbraten. Mit Salz, Pfeffer, Paprika, Brandy und Zitronensaft würzen. Mit Petersilie bestreuen und mit den Zitronenspalten garnieren. Dazu schmeckt frisches Baguette.

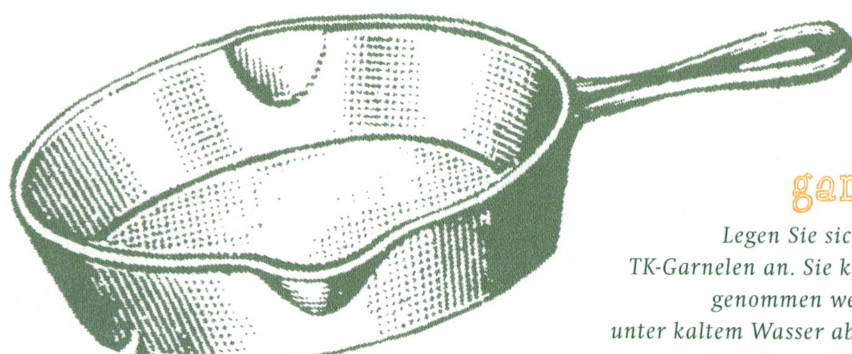

garnelen immer parat

Legen Sie sich im Gefrierschrank einen Vorrat an TK-Garnelen an. Sie können portionsweise aus dem Beutel genommen werden. Zum Auftauen einige Minuten unter kaltem Wasser abspülen, abtropfen lassen und nebeneinander auf Küchenpapier noch 5–10 Minuten auftauen lassen. Und los geht's mit dem Kochen!

hähnchenfilet mit Kohlrabi in Kräuterkäsesoße

Wie im Flug landet dieses Hähnchengericht mit frischem Basilikum und Kräuterfrischkäse auf dem Tisch

ca. 25 Minuten · *ganz einfach* · *Portion ca. 1,90 €* · *Portion ca. 300 kcal · E 39 g · F 12 g · KH 6 g*

Zutaten für 4 Personen:

2 große Kohlrabi
1 TL Gemüsebrühe (Instant)
4 Hähnchenfilets (ca. 600 g)
Salz, Pfeffer
1–2 EL Öl
½ Töpfchen Basilikum
1 Packung (150 g) Frischkäse mit Kräutern der Provence

1 Kohlrabi schälen, halbieren und in Spalten schneiden. In ¼ l Wasser mit Brühe zugedeckt ca. 5 Minuten dünsten.

2 Hähnchenfilets waschen, trocken tupfen, quer halbieren. Mit Salz und Pfeffer würzen. Im heißen Öl von jeder Seite 5–7 Minuten braten.

3 Basilikum waschen und, bis auf etwas zum Garnieren, fein hacken. Kohlrabi abgießen und dabei den Fond direkt zu den Filets gießen. Frischkäse einrühren, aufkochen und 2–3 Minuten köcheln. Mit Salz und Pfeffer abschmecken. Basilikum einrühren. Anrichten und garnieren. Dazu passt Baguette.

asiatisches sauerkraut mit bratreis

Hier ist das Kraut nicht länger Nebensache, sondern übernimmt die Hauptrolle. Allerdings mit fremder Hilfe von Exoten wie Ingwer und Sojasoße

ca. 25 Minuten · *ganz einfach* · *Portion ca. 1,50 €* · *Portion ca. 350 kcal · E 9 g · F 9 g · KH 56 g*

Zutaten für 4 Personen:

- 200 g Basmatireis
- Salz, Pfeffer
- 500 g loses oder 1 Dose (580 ml) Sauerkraut
- 3 Paprikaschoten (z. B. grün, gelb und rot)
- 3 Lauchzwiebeln
- ca. 50 g frischer Ingwer
- 3 EL Öl
- ca. 3 EL Sojasoße
- ca. 6 EL süßsaure Asiasoße
- 1 TL Sambal Oelek

1 Reis in 400 ml kochendem Salzwasser nach Packungsanweisung garen. Sauerkraut gut abtropfen lassen.

2 Paprika putzen, waschen und in feine Streifen schneiden. Lauchzwiebeln putzen, waschen und in Stücke schneiden. Ingwer schälen und sehr fein würfeln.

3 1 EL Öl im Wok oder in einer großen Pfanne erhitzen. Paprika und Lauchzwiebeln darin unter Rühren kurz anbraten. Mit Salz und Pfeffer würzen, herausnehmen.

4 2 EL Öl im Bratfett erhitzen. Den Reis darin unter Rühren 3–4 Minuten braten. Sauerkraut kleiner zupfen, untermischen und alles weitere 2–3 Minuten braten. Gemüse und Ingwer unterheben und mit erhitzen. Soja- und Asiasoße unterrühren. Mit Salz und Sambal Oelek abschmecken.

seemannskraut

Aufgrund seines hohen Vitamin-C-Gehalts wurde Sauerkraut früher in der Seefahrt als Proviant geschätzt, der die Mannschaft vor Mangelerkrankungen schützte. Außerdem liefert es Vitamin A und B und ist reich an Mineralstoffen. Aber es hat mit ca. 20 kcal pro 100 g nur wenig Kalorien und ist praktisch fettfrei.

minz-hackbällchen auf tomaten-bulgur

Wie wär's auf die Schnelle mit 'ner Minzfrikadelle?

ca. 25 Minuten · *ganz einfach* · *Portion ca. 1,50 €* · *Portion ca. 630 kcal · E 55 g · F 22 g · KH 48 g*

Zutaten für 4 Personen:

- 2 Zwiebeln, 5–6 Stiele Minze
- 500 g Rinderhack
- 1 Ei, 3 EL Semmelbrösel
- Salz, Pfeffer, 1 Prise Zimt
- ca. 1 Msp. gem. Koriander
- 1 ½ EL Olivenöl
- 300 g Bulgur (grobe Weizengrütze)
- 1 Dose (425 ml) stückige Tomaten
- 1 TL Gemüsebrühe (Instant)
- 100 g Fetakäse

1 Zwiebeln schälen und würfeln. Minze waschen, trocken schütteln und, bis auf einige Blättchen, hacken. Mit Hack, Hälfte Zwiebeln, Ei und Semmelbröseln verkneten. Mit Salz, Pfeffer, Zimt und Koriander würzen.

2 Übrige Zwiebelwürfel in ½ EL heißem Öl andünsten. Bulgur zufügen und unter Rühren kurz anrösten. Gut ¼ l Wasser, Tomaten und Brühe zugeben. Aufkochen und offen unter gelegentlichem Rühren ca. 15 Minuten köcheln.

3 Aus der Hackmasse mit angefeuchteten Händen ca. 12 Bällchen formen. 1 EL Öl in einer großen Pfanne erhitzen. Bällchen darin rundherum ca. 10 Minuten braten.

4 Feta zerbröckeln und zum Schluss unter den Bulgur heben. Bulgur mit Salz und Pfeffer abschmecken. Mit den Hackbällchen anrichten. Mit Rest Minze garnieren.

Kokos-puten-curry

Ruck, zuck zubereitet, schafft dieses Asiagericht Zeit für ein paar Yogaübungen

ca. 25 Minuten · *ganz einfach* · *Portion ca. 1,60 €* · *Portion ca. 530 kcal · E 33 g · F 20 g · KH 50 g*

Zutaten für 4 Personen:

- 200 g Champignons
- 400 g Putenschnitzel (Stück)
- 2 EL Öl, Salz, Pfeffer
- 200 g Basmatireis
- 1 mittelgroße Zwiebel
- 1 gehäufter EL (20 g) Mehl
- ca. 2 EL Curry
- 1 Dose (400 ml) ungesüßte Kokosmilch
- 1 TL Gemüsebrühe (Instant)
- 100 g TK-Erbsen
- 6 Stiele Koriander

1 Pilze putzen, evtl. waschen und halbieren. Fleisch waschen, trocken tupfen und würfeln. 1 EL Öl in einer großen Pfanne erhitzen. Putenwürfel darin rundherum ca. 5 Minuten braten. Mit Salz und Pfeffer würzen. Herausnehmen.

2 Basmatireis in gut 400 ml kochendem Salzwasser nach Packungsanweisung garen.

3 1 EL Öl im Bratfett erhitzen. Pilze darin ca. 5 Minuten braten. Zwiebel schälen, würfeln, kurz mitbraten. Mit Salz und Pfeffer würzen. Mit Mehl und Curry bestäuben und unter Rühren kurz anschwitzen. Kokosmilch, ¼ l Wasser und Brühe einrühren. Aufkochen und 5 Minuten köcheln. Gefrorene Erbsen zugeben, 2–3 Minuten mitköcheln.

4 Koriander waschen, trocken schütteln und die Blättchen grob schneiden. Fleisch im Curry wieder erhitzen, abschmecken. Koriander einrühren. Reis dazureichen.

schupfnudeln mit spitzkohl und mett

Urlaubsgrüße von der Schwäbischen Alb! Doch egal ob Bergsteigen oder Wattwanderung, nach einem Tag an der frischen Luft ist so eine schnelle Schlemmerpfanne eine willkommene Stärkung

ca. 25 Minuten · *ganz einfach* · *Portion ca. 1,30 €* · *Portion ca. 640 kcal · E 27 g · F 35 g · KH 50 g*

Zutaten für 4 Personen:

- 70 g getrocknete Tomaten in Öl
- 1 kleiner Spitzkohl (ca. 500 g)
- 3 EL Butter
- 500 g Schupfnudeln (Kühlregal)
- 300 g Zwiebelmett (aus der Rolle)
- 100 g Schmand
- Salz, Pfeffer, Muskat

1 Getrocknete Tomaten abtropfen lassen. Kohl putzen, waschen, vierteln und den Strunk entfernen. Kohl klein schneiden. Tomaten in Streifen schneiden.

2 Butter in einer Pfanne erhitzen. Schupfnudeln darin bei mittlerer Hitze unter Wenden ca. 15 Minuten braten. Zwiebelmett direkt aus der Pelle in Stückchen zu den Schupfnudeln drücken. Nach weiteren 5 Minuten Kohl und getrocknete Tomaten zufügen und bei schwacher Hitze weiterbraten.

3 Schmand und 5 EL Wasser glatt rühren. Kurz unterrühren und mit Salz, Pfeffer und Muskat kräftig abschmecken.

nur das zarte

Den harten, keilförmigen Strunk mit einem scharfen Messer von den Kohlvierteln abschneiden.

blitzpfannkuchen vom blech

Jeden Pfannkuchen einzeln zu backen dauert viel zu lange. Gießt man den Teig aufs Blech, ist alles in 25 Minuten fertig

ca. 25 Minuten · ganz einfach · Portion ca. 1,60 € · Portion ca. 510 kcal · E 35 g · F 28 g · KH 27 g

Zutaten für 4 Personen:

- 250 g Champignons
- 1 Bund Lauchzwiebeln
- 400 g Hähnchenfilet
- 4 Eier, Salz, Pfeffer
- 200 ml Milch
- 100 g + 1 EL Mehl
- 2 EL Mineralwasser mit Kohlensäure
- Öl fürs Blech
- 1 EL Butterschmalz
- 1 TL Gemüsebrühe (Instant)
- 200 g Schlagsahne
- einige Spritzer Zitronensaft
- Backpapier

1 Backofen vorheizen (E-Herd: 200 °C/Umluft: 175 °C/Gas: Stufe 3). Ein mit Backpapier ausgelegtes Backblech (35 x 40 cm) sofort hineinschieben und erhitzen. Pilze putzen, waschen und halbieren. Lauchzwiebeln putzen, waschen, in Ringe schneiden. Fleisch waschen, trocken tupfen, in Würfel schneiden.

2 Eier und 1 TL Salz schaumig schlagen. Milch unter weiterem Schlagen zugießen. 100 g Mehl und Mineralwasser unterrühren. Backblech aus dem Ofen nehmen. Backpapier sofort mit Öl bestreichen und den Teig gleichmäßig daraufgießen. Im heißen Backofen bei gleicher Temperatur 10–12 Minuten backen.

3 Butterschmalz in einer großen Pfanne erhitzen. Fleisch darin ca. 5 Minuten braten und mit Salz und Pfeffer würzen, herausnehmen.

4 Pilze im heißen Bratfett goldbraun braten. Lauchzwiebeln kurz mitbraten. Mit 1 EL Mehl bestäuben und kurz anschwitzen. ¼ l Wasser, Brühe und Sahne einrühren. Aufkochen, 2–3 Minuten köcheln. Mit Salz, Pfeffer und Zitronensaft abschmecken. Fleisch darin erhitzen.

5 Backblech aus dem Ofen nehmen. Den Pfannkuchen samt Backpapier herunterziehen und in breite Streifen schneiden. Mit dem Ragout auf Tellern anrichten.

zeitspartipp 1

Bei Zeitdruck ist eine planmäßige Punktlandung besonders wichtig. Durch rechtzeitiges Vorheizen des Backofens macht man wertvolle Minuten gut. Auch gleich zu Beginn aufgesetztes Wasser erspart bei Pastagerichten unnötige Warterei.

zeitspartipp 2

Schon klar, eine Konserve öffnen heißt noch nicht kochen. Aber wenn es schmeckt, ist das mal erlaubt. Auch lecker zu den Blechpfannkuchen und ruck, zuck fertig: z. B. Ragout fin aus der Dose.

zeitspartipp 3

Pfannkuchen übrig, aber kein Ragout mehr? In schmale Streifen geschnitten, geben sie eine feine Einlage für heiße Brühe ab.

Schweinemedaillons mit Couscous-Salat

Mit diesem schlanken Rezept brauchen Sie sich weder über Ihre Linie noch über mangelnden Genuss Gedanken zu machen. Also langen Sie zu!

ca. 25 Minuten · *ganz einfach* · *Portion ca. 3,50 €* · *Portion ca. 340 kcal · E 25 g · F 14 g · KH 26 g*

Zutaten für 4 Personen:

- 4 Lauchzwiebeln
- 1 Knoblauchzehe
- 3 EL Olivenöl
- 1 TL Edelsüß-Paprika
- 1 TL Gemüsebrühe (Instant)
- 150 g Couscous
- 1 Salatgurke
- 400 g Kirschtomaten
- 1 Bund glatte Petersilie
- 400 g Schweinefilet
- Salz, Pfeffer
- 2 EL Zitronensaft
- 1 TL mittelscharfer Senf

1 Lauchzwiebeln putzen, waschen und in feine Ringe schneiden. Knoblauch schälen und sehr fein hacken. 1 EL Öl in einem Topf erhitzen. Lauchzwiebeln und Knoblauch darin andünsten. Paprika darüberstäuben. Mit 200 ml Wasser ablöschen. Aufkochen, Brühe und Couscous einrühren. Vom Herd nehmen und ca. 5 Minuten quellen lassen. Abkühlen lassen.

2 Gurke waschen, evtl. schälen und der Länge nach halbieren. Kerne mit einem Löffel herauskratzen. Gurke in feine Würfel schneiden. Tomaten waschen, trocknen und halbieren. Petersilie waschen, trocken schütteln und, bis auf 8 Blätter, fein hacken.

3 Filet abtupfen und in 8 Medaillons schneiden. Medaillons mit je 1 Petersilienblättchen belegen. 1 EL Öl in einer Pfanne erhitzen. Medaillons darin pro Seite ca. 3 Minuten braten. Mit Salz und Pfeffer würzen.

4 Zitronensaft, Senf, Salz und Pfeffer verrühren. 1 EL Öl darunterschlagen. Couscous, Tomaten, Gurke, Petersilie und Marinade mischen. Nochmals mit Salz und Pfeffer abschmecken. Couscous-Salat mit den Medaillons anrichten.

Woher kommt eigentlich Couscous?

Couscous ist ein Grundnahrungsmittel der nordafrikanischen Küche und besteht aus Hartweizengrieß oder Hirse. Durch Einwanderer ist Couscous inzwischen auch in Europa verbreitet, sodass Sie ihn leicht in jedem größeren Supermarkt finden können.

rote bete mit beefsteakstreifen und meerrettich

Dieses flotte Pfannengericht könnte auch von einem der jungen wilden Starköche sein – ist aber von uns

ca. 25 Minuten · *ganz einfach* · *Portion ca. 3,50 €* · *Portion ca. 520 kcal · E 41 g · F 18 g · KH 44 g*

Zutaten für 4 Personen:

4 Scheiben Graubrot
3–4 Lauchzwiebeln
1 Beutel (500 g) gekochte Rote Bete (vakuumverpackt)
600 g Beefsteak
1–2 EL Öl
Meersalz, Pfeffer
1 Packung (200 g) Frischkäse mit Meerrettich

1 Brot im Toaster rösten. Lauchzwiebeln putzen, waschen und in Stücke schneiden. Rote Bete in Scheiben schneiden.

2 Fleisch trocken tupfen, in Streifen schneiden. Öl in einer Pfanne stark erhitzen. Fleisch darin portionsweise rundum ca. 2 Minuten braten. Mit Salz und Pfeffer würzen. Herausnehmen.

3 Rote Bete und Lauchzwiebeln im Bratfett unter Wenden ca. 3 Minuten braten. Steakstreifen wieder zugeben. Frischkäse in Flöckchen unterheben und etwas schmelzen lassen. Mit Salz und Pfeffer abschmecken.

4 Geröstetes Brot in Stücke brechen und auf Teller verteilen. Steakpfanne daraufgeben.

achtung, farbe!

Da Rote Bete stark färben, beim Schälen und Schneiden zum Schutz der Hände am besten Einmalhandschuhe tragen. Zu spät? Mit Zitronensaft lässt sich das Rot wieder von den Händen entfernen.

Kartoffelsuppe mit Würstchen

Auf die Plätze, fertig, los: Würstchenwettangeln! Schnell gekocht und noch schneller gegessen

ca. 25 Minuten · *ganz einfach* · *Portion ca. 1,70 €* · *Portion ca. 480 kcal · E 18 g · F 32 g · KH 27 g*

Zutaten für 4 Personen:

- 800 g große Kartoffeln
- 4 Wiener Würstchen (à ca. 75 g)
- 1 EL Butter
- 100 g rohe Schinkenwürfel
- 2 gestr. EL Gemüsebrühe (Instant)
- 2 Päckchen (à 50 g) TK-Suppengrün
- 2–3 Stiele Petersilie
- Salz, Pfeffer

1 Kartoffeln schälen, waschen und in kleine Stücke schneiden. Würstchen in Scheiben schneiden.

2 Butter in einem großen Topf erhitzen. Würstchen darin unter Wenden kurz anbraten. Herausnehmen. Schinkenwürfel im Bratfett anbraten. 1 l Wasser, Brühe, gefrorenes Suppengrün und Kartoffeln zufügen. Zugedeckt aufkochen und ca. 15 Minuten köcheln.

3 Petersilie waschen und grob hacken. Würstchen in der Suppe kurz erwärmen. Mit Salz und Pfeffer abschmecken und Petersilie darüberstreuen.

tortelloni-salat mit cabanossi

Pasta UND Salat, das wird bei sommerlich heißen Temperaturen leicht mal zu viel. Aber die Kombination aus beidem ist hitzetauglich

ca. 25 Minuten · *ganz einfach* · *Portion ca. 2,20 €* · *Portion ca. 500 kcal · E 16 g · F 32 g · KH 34 g*

Zutaten für 4 Personen:

- Salz, Pfeffer, Zucker
- 1 Packung (250 g) Tortelloni mit Ricotta-Spinat-Füllung (aus dem Kühlregal)
- 1 Zwiebel, 1 Knoblauchzehe
- ½ Bund Schnittlauch
- 5 EL Salatcreme (Glas)
- 200 g Schmand
- einige Spritzer Zitronensaft
- 400 g Kirschtomaten (z. B. gelb und rot)
- ½ Salatgurke
- 100 g Cabanossi, 125 g Rucola
- 2 EL kleine schwarze Oliven
- rosa Beeren (pfefferähnliches Gewürz)

1 Für die Tortelloni 3–4 l Salzwasser (1 TL Salz pro Liter) in einem großen Topf zum Kochen bringen. Tortelloni darin ca. 2 Minuten garen. Abgießen, abtropfen, auskühlen lassen.

2 Zwiebel und Knoblauch schälen, fein würfeln. Schnittlauch waschen und in feine Röllchen schneiden. Salatcreme und Schmand verrühren. Mit Salz, Pfeffer, Zucker und Zitronensaft würzen. Zwiebel, Knoblauch und Schnittlauch unter die Schmandcreme rühren und mit den Tortelloni mischen.

3 Tomaten waschen und halbieren. Gurke waschen und in dünne lange Scheiben schneiden. Cabanossi schräg in Scheiben schneiden. Rucola putzen, waschen und etwas kleiner zupfen.

4 Gurke, Tomaten, Cabanossi, Oliven und Rucola unter die Tortelloni heben. Nochmals mit Salz und Pfeffer abschmecken. Mit zerstoßenen rosa Beeren bestreuen.

für veggis

Auch ohne Cabanossi schmeckt der Tortelloni-Salat lecker.

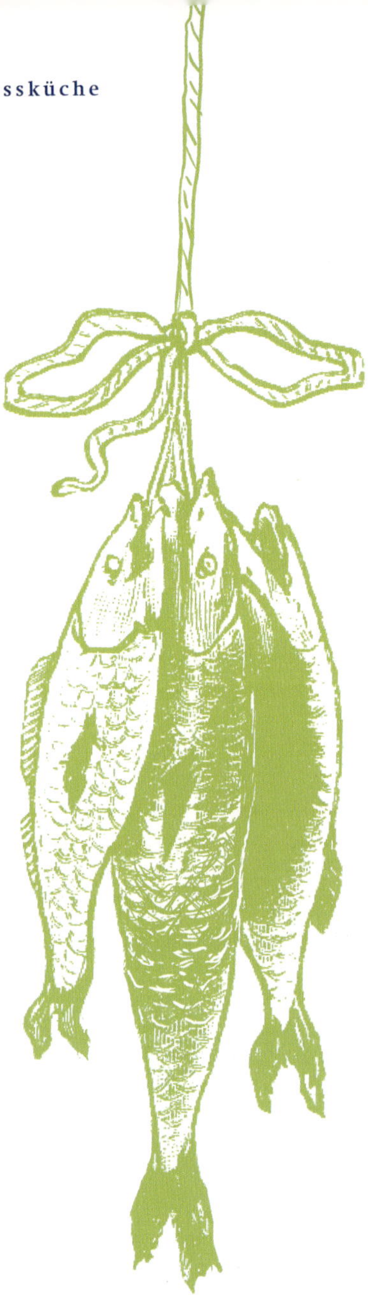

fischschnitten mit erdnuss-soße

Asia-Imbiss, hausgemacht! Flotter Fisch mit rasantem Sambal-Oelek-Reis – da lässt der Hunger nicht lange auf sich warten

ca. 30 Minuten *ganz einfach* *Portion ca. 2,10 €* *Portion ca. 490 kcal · E 40 g · F 16 g · KH 44 g*

Zutaten für 4 Personen:

200 g Basmatireis
Salz, Pfeffer
400 g Broccoli
600 g Fischfilet
(z. B. Lengfisch oder Seelachs)
evtl. 1 EL Zitronensaft
2 EL Erdnüsse
2 EL Öl
6–8 EL cremige Erdnussbutter
(aus dem Glas)
1 TL Gemüsebrühe (Instant)
1 TL Sambal Oelek

1 Basmatireis in gut 400 ml kochendem Salzwasser nach Packungsanweisung garen.

2 Broccoli putzen, waschen und in Röschen schneiden. Die größeren Röschen evtl. halbieren. Fisch waschen, trocken tupfen, in 4 längliche Stücke schneiden. Evtl. mit Zitronensaft beträufeln.

3 Nüsse in einer großen Pfanne ohne Fett rösten, herausnehmen. Öl in der Pfanne erhitzen. Fisch mit Salz würzen und darin von jeder Seite 3–4 Minuten braten. Herausnehmen. Broccoli im Bratfett unter Wenden 2–3 Minuten braten und herausnehmen.

4 Gut ¼ l Wasser angießen und aufkochen. Erdnussbutter und Brühe einrühren und 3–4 Minuten köcheln. Nüsse unterrühren.

5 Den Reis evtl. abgießen. Sambal Oelek unterrühren. Fisch und Broccoli in die Soße geben und erhitzen. Alles anrichten.

hack-reis-pfanne

Hilfe! Hausfrau in Zeitnot – mit diesem Expressrezept nicht die Bohne

ca. 25 Minuten · *ganz einfach* · *Portion ca. 80 ct* · *Portion ca. 530 kcal · E 25 g · F 20 g · KH 58 g*

Zutaten für 4 Personen:

- Salz, Pfeffer
- 1 große Zwiebel
- 1–2 EL Öl
- 350 g gemischtes Hack
- Cayennepfeffer
- 2 Kochbeutel (à 125 g) 10-Minuten-Langkornreis
- 2 EL Tomatenmark
- 1 TL Gemüsebrühe (Instant)
- 250 g TK-Brechbohnen
- 2–3 Stiele Minze

1 Knapp 1 l Salzwasser in einem Topf aufkochen. Zwiebel schälen und in feine Spalten schneiden. Öl in einer großen Pfanne erhitzen. Hack darin ca. 5 Minuten krümelig braten. Zwiebel mitbraten. Mit Salz und Cayennepfeffer würzen.

2 Reis ins kochende Salzwasser geben. Zugedeckt ca. 10 Minuten garen.

3 Tomatenmark zum Hack geben und kurz anschwitzen. 3/8 l Wasser, Brühe und gefrorene Bohnen zufügen. Aufkochen und 10 Minuten garen.

4 Minze waschen, trocken schütteln und hacken. Kochbeutelreis abtropfen lassen, aufreißen, zum Hack geben und unterheben. Mit Salz und Pfeffer würzen. Mit Minze bestreuen. Dazu schmecken Gurken-Relish oder süßsaure Asiasoße.

möhren-basilikum-suppe mit hähnchensticks

Dieses Abendessen ist gekocht, bis Ihr Liebster vom Videoverleih zurückkommt, denn es braucht nicht viel mehr als ein Bund Möhrchen im Gemüsefach und 25 Minuten Luft

ca. 25 Minuten · *ganz einfach* · *Portion ca. 1,90 €* · *Portion ca. 200 kcal · E 15 g · F 11 g · KH 8 g*

Zutaten für 4 Personen:

- 500 g Möhren
- 1 mittelgroße Zwiebel
- 1 Bund/Töpfchen Basilikum
- 3 EL + etwas Öl
- 2 EL Gemüsebrühe (Instant)
- 4 Hähnchenfilets (à ca. 125 g)
- 2 EL Limettensaft
- Salz, Pfeffer
- 4 EL Crème fraîche
- Cayennepfeffer
- ca. 2 EL Balsamico-Creme (Flasche)
- 8 Holzspieße

1 Möhren putzen, schälen und, bis auf 1 kleine Möhre, in grobe Stücke schneiden. Zwiebel schälen, würfeln. Basilikum waschen, trocken schütteln und, bis auf 4–6 Blättchen, in Streifen schneiden.

2 1 EL Öl in einem großen Topf erhitzen. Zwiebelwürfel und Möhrenstücke darin unter Rühren andünsten. Gut 1 l Wasser angießen und aufkochen. Brühe und Basilikumstreifen einrühren. Zugedeckt ca. 10 Minuten köcheln.

3 Holzspieße mit etwas Öl bepinseln. Fleisch waschen, trocken tupfen und in Würfel schneiden. Auf die Spieße stecken. 2 EL Öl in einer Pfanne erhitzen. Spieße darin rundherum 6–8 Minuten braten. Mit Limettensaft beträufeln und mit Salz und Pfeffer würzen.

4 Restliche Möhre fein würfeln. Die Suppe fein pürieren. Crème fraîche einrühren. Suppe aufkochen und die Möhrenwürfel darin 3–4 Minuten köcheln.

5 Suppe mit Salz und Cayennepfeffer abschmecken und anrichten. Einige Tropfen Balsamico-Creme darüberträufeln und mit Rest Basilikum garnieren. Hähnchensticks dazureichen.

Knusprige auberginenschnitzel mit sesamdip

Wenn Vegetarier bei Schnitzel laut „hier!“ rufen, handelt es sich bestimmt um dieses Gemüse aus der Pfanne

ca. 25 Minuten · *einfach* · *Portion ca. 1,20 €* · *Portion ca. 320 kcal · E 11 g · F 18 g · KH 27 g*

Zutaten für 4 Personen:

- 2 Auberginen (ca. 600 g)
- Salz, Pfeffer, Zucker
- 250 g Vollmilch-Joghurt
- 3 EL Tahin (Sesampaste; Glas; im türkischen Lebensmittelladen)
- 1 Knoblauchzehe
- ½–1 TL Zitronensaft
- 1 rote Zwiebel
- 3 Mini-Römersalate
- 1 EL Balsamico-Essig
- 4–5 EL Olivenöl
- 2–3 Stiele Salbei
- ca. 100 g Mehl
- 1 TL Sesam

1 Auberginen putzen, waschen und schräg in ca. 1 cm dicke Scheiben schneiden. Mit Salz bestreuen und kurz ziehen lassen.

2 Für den Dip Joghurt und Tahin verrühren. Knoblauch schälen, fein hacken und unterrühren. Mit Salz und Zitronensaft würzen.

3 Zwiebel schälen und in dünne Ringe schneiden. Salat putzen, waschen, trocken schleudern und in grobe Stücke zupfen. Essig, Salz, Pfeffer und 1 Prise Zucker verrühren. 1 EL Öl darunterschlagen. Mit Zwiebel und Salat mischen.

4 Salbei waschen, trocken schütteln und die Blättchen abzupfen. Mehl auf einen flachen Teller geben. Sesam in einer großen Pfanne rösten und herausnehmen.

5 3–4 EL Öl in der Pfanne erhitzen. Auberginenscheiben nacheinander in Mehl wenden und portionsweise im heißen Öl von jeder Seite 2–3 Minuten goldbraun braten. Salbei kurz mitbraten und beides auf Küchenpapier abtropfen lassen.

6 Dip mit Sesam bestreuen. Mit Auberginenscheiben und Salat anrichten.

Kalte Küche

Frisch aus der Pfanne schmecken die Auberginenscheiben schön knusprig. Sie können sie aber auch abgekühlt als Antipasti servieren.

Pasta

basta!
Bin in einer halb...
Bin in einer halben
Stunde zuhause.
Was gibt es?
Optionen
Zurück

scharfe tomatennudeln

Eine Handvoll Zutaten und schlappe 30 Minuten. Ach, wenn nur alles so einfach wäre!

ca. 30 Minuten · *ganz einfach* · *Portion ca. 1,30 €* · *Portion ca. 590 kcal · E 23 g · F 16 g · KH 79 g*

Zutaten für 4 Personen:

- Salz, Pfeffer
- 1 mittelgroße Zwiebel
- 2 Knoblauchzehen
- 2 rote Chilischoten
- 400 g Kirschtomaten
- 100 g Rucola
- 400 g Spaghetti
- 3 EL Olivenöl
- ⅛ l trockener Weißwein
- 50 g Parmesan (Stück)

1 Für die Nudeln 3–4 l Salzwasser (1 TL Salz pro Liter) in einem großen Topf zum Kochen bringen.

2 Zwiebel schälen und fein würfeln. Knoblauch schälen und in dünne Scheiben schneiden. Chilischoten putzen, längs aufschneiden, entkernen, waschen und fein hacken. Tomaten waschen und halbieren. Rucola waschen, trocken schütteln und kleiner zupfen.

3 Nudeln nach Packungsanweisung kochen und dabei öfter umrühren. Olivenöl in einer großen Pfanne bei mittlerer Hitze erhitzen. Zwiebel und Knoblauch im heißen Öl 1–2 Minuten anbraten. Chili und Tomaten ca. 5 Minuten mitbraten. Tomaten umrühren. Wein angießen. Alles aufkochen und 2–3 Minuten köcheln. Parmesan reiben.

4 Nudeln abgießen und abtropfen lassen. Tomaten mit Salz und Pfeffer würzen. Nudeln und Rucola unter die Tomaten mischen. Anrichten und mit Parmesan bestreuen.

farfalle mit erbsen und parmaschinken

Unseren Farfalle verfallen Sie im Nu

ca. 30 Minuten · *ganz einfach* · *Portion ca. 2,20 €* · *Portion ca. 690 kcal · E 24 g · F 30 g · KH 76 g*

Zutaten für 4 Personen:

- Salz, Pfeffer
- 1 Bund Lauchzwiebeln
- 1–2 Knoblauchzehen
- 2 Stiele glatte Petersilie
- 100 g Parmaschinken
- 400 g Nudeln (z. B. Farfalle)
- 5 EL Olivenöl
- 2 EL Butter
- 300 g TK-Erbsen
- 50 g Parmesan (Stück)

1 Für die Nudeln 3–4 l Salzwasser (1 TL Salz pro Liter) in einem großen Topf zum Kochen bringen.

2 Lauchzwiebeln putzen, waschen. 2 in lange Stücke, Rest in Ringe schneiden. Knoblauch schälen und hacken. Petersilie waschen, Blättchen abzupfen, hacken. Schinken in Stücke schneiden oder reißen.

3 Nudeln nach Packungsanweisung garen. 1 EL Öl in einer Pfanne erhitzen. Schinken darin knusprig braten. Herausnehmen.

4 Butter im Bratfett erhitzen. Lauchzwiebeln und Knoblauch darin andünsten. Gefrorene Erbsen und 6–7 EL heißes Nudelwasser zugießen. Ca. 5 Minuten köcheln. Schinken, Petersilie und 4 EL Öl zu den Erbsen geben, unterheben. Mit Salz und Pfeffer abschmecken.

5 Nudeln abtropfen lassen und mit der Soße mischen. Auf Tellern anrichten und den Parmesan vom Stück darüberhobeln.

spaghetti mit beefsteak und paprika-mandel-soße

Diese Nudeln mit Rindfleischstreifen sind so schnell fertig, dass sogar noch Zeit für einen Nachschlag bleibt

ca. 25 Minuten *ganz einfach* *Portion ca. 1,40 €* *Portion ca. 650 kcal · E 37 g · F 20 g · KH 76 g*

Zutaten für 4 Personen:

Salz, Pfeffer
2 Knoblauchzehen
1 Glas (370 ml) geröstete Paprika
1–2 TL Mandelkerne (mit Haut)
4 EL gemahlene Mandeln
Edelsüß-Paprika
400 g Spaghetti
300 g Beef- oder Huftsteak
1 mittelgroße Zwiebel
1–2 EL Öl
40 g Parmesan (Stück)

1 Für die Spaghetti 3–4 l Salzwasser (1 TL Salz pro Liter) in einem großen Topf zum Kochen bringen.

2 Inzwischen Knoblauch schälen. Paprika abtropfen lassen. Beides grob zerkleinern und pürieren. Mandelkerne grob hacken.

3 Gemahlene und gehackte Mandeln in einer Pfanne ohne Fett rösten. Herausnehmen, unter das Paprikapüree rühren. Mit Salz und Edelsüß-Paprika abschmecken.

4 Nudeln nach Packungsanweisung garen. Fleisch abtupfen und in Streifen schneiden. Zwiebel schälen, halbieren und in feine Streifen schneiden. Öl erhitzen. Fleisch darin bei starker Hitze 2–3 Minuten braten. Mit Salz und Pfeffer würzen. Zwiebel mitbraten.

5 Parmesan reiben. Nudeln abtropfen lassen und wieder in den Topf geben. Die Paprika-Mandel-Soße und das Fleisch untermischen. Anrichten und mit Parmesan bestreuen.

tortelloni-gratin

Wir setzen zum Sprint in der Küche an,
das Ziel „Lümmelsessel und Lieblingslektüre“ bereits deutlich vor Augen

ca. 30 Minuten *ganz einfach* *Portion ca. 2,30 €* *Portion ca. 540 kcal · E 25 g · F 28 g · KH 44 g*

Zutaten für 4 Personen:

2 Packungen (à 250 g) Tortelloni mit Spinat-Ricotta-Füllung (aus dem Kühlregal)
Salz, Pfeffer
5 Tomaten
150 g Parmesan (Stück)
200 g Schlagsahne
Fett für die Form

1 Backofen vorheizen (E-Herd: 200 °C/ Umluft: 175 °C/Gas: Stufe 3). Für die Tortelloni 3–4 l Salzwasser (1 TL Salz pro Liter) in einem großen Topf zum Kochen bringen. Tortelloni darin ca. 2 Minuten garen, abgießen.

2 Tomaten waschen und würfeln. Parmesan fein reiben. Sahne und ca. ⅔ Käse verrühren. Mit Pfeffer und wenig Salz würzen.

3 Vier kleine ofenfeste Förmchen oder eine große Form fetten. Tomaten und Tortelloni darin verteilen. Mit der Käsesahne übergießen und den übrigen Parmesan darüberstreuen. Im heißen Backofen ca. 15 Minuten goldbraun backen.

nudeltopf mit putenstreifen

Dürfen wir vorstellen: ein Rezept, mit dem Kochmuffel ihre Familie glücklich machen, vor allem aber sich selbst

ca. 35 Minuten · ganz einfach · Portion ca. 1,20 € · Portion ca. 540 kcal · E 33 g · F 9 g · KH 78 g

Zutaten für 4 Personen:

- 300 g Putenfilet
- 1 mittelgroße Zwiebel
- 1 EL Öl
- Salz, Pfeffer
- 1 Dose (850 ml) Tomaten
- 400 g kurze Nudeln (z. B. Mini-Penne)
- 1 TL getrockneter Majoran
- 150 g TK-Erbsen
- 5 EL Schlagsahne

1 Fleisch waschen, trocken tupfen und in Streifen schneiden. Zwiebel schälen und würfeln. Öl in einer Pfanne erhitzen. Fleisch darin unter Wenden ca. 5 Minuten braten. Mit Salz und Pfeffer würzen und herausnehmen.

2 Zwiebelwürfel im Bratfett andünsten. Tomaten mit der Flüssigkeit und ⅛ l Wasser zugießen, aufkochen. Tomaten zerkleinern. Nudeln und Majoran zufügen und offen ca. 15 Minuten köcheln. Dabei ab und zu umrühren.

3 Gefrorene Erbsen und Fleischstreifen 2 Minuten vor Garzeitende zu den Nudeln geben, erhitzen. Mit Sahne verfeinern und mit Salz und Pfeffer abschmecken. Anrichten.

spaghetti aglio e olio mit thunfisch

Dieses Gericht funktioniert mit langen Nudeln und kurzer Zubereitungszeit

ca. 25 Minuten · *ganz einfach* · *Portion ca. 1,30 €* · *Portion ca. 520 kcal · E 23 g · F 12 g · KH 76 g*

Zutaten für 4 Personen:

- Salz, Pfeffer
- 1 Zwiebel
- 2 Knoblauchzehen
- 2 rote Chilischoten
- 400 g Spaghetti
- 5 EL Olivenöl
- 1 Dose (185 g) Thunfisch-filets ohne Öl
- 2 EL TK-italienische-Kräuter

1 Für die Nudeln 3–4 l Salzwasser (1 TL Salz pro Liter) in einem großen Topf aufkochen.

2 Zwiebel und Knoblauch schälen. Zwiebel fein würfeln und Knoblauch in dünne Scheiben schneiden. Chili putzen, längs einschneiden, entkernen, waschen und in feine Ringe schneiden.

3 Nudeln nach Packungsanweisung garen. Öl in einer Pfanne erhitzen. Zwiebel, Knoblauch und Chili darin andünsten.

4 Thunfisch abtropfen lassen und zerzupfen. 3–4 EL Nudelwasser aus dem Topf nehmen und Nudeln abgießen. Nudeln und Nudelwasser in die Pfanne geben. Thunfisch und gefrorene Kräuter gut unterrühren und kurz erhitzen. Mit Pfeffer und evtl. Salz abschmecken. Auf Tellern anrichten.

nudeln kochen

Spaghetti ins kochende Salzwasser schütten und herunterdrücken, sodass alle Nudeln bedeckt sind. Dabei ab und zu umrühren, damit sie nicht zusammenkleben.

tagliatelle mit bärlauch-mandel-pesto

Wer Pesto mag, wird unsere Variante mit dem milden Kraut lieben. Aber Achtung, Bärlauch gibt es nur wenige Wochen im Frühjahr

ca. 30 Minuten *ganz einfach* *Portion ca. 2,10 €* *Portion ca. 820 kcal · E 28 g · F 44 g · KH 73 g*

Zutaten für 4 Personen:

- 50 g gehackte Mandeln (ohne Haut)
- Salz, Pfeffer
- 75 g Parmesan (Stück)
- 1–2 Bund (ca. 100 g) Bärlauch
- 100–125 ml Olivenöl
- 400 g Tagliatelle
- 125 g Büffelmozzarella

1 Mandeln in einer Pfanne ohne Fett unter ständigem Rühren goldgelb rösten. Sofort herausnehmen und auf einen Teller geben, damit sie nicht zu dunkel werden. Für die Nudeln 3–4 l Salzwasser (1 TL Salz pro Liter) in einem großen Topf zum Kochen bringen.

2 Parmesan fein reiben. Bärlauch im Bund waschen und trocken schütteln. Im Bund lassen und die Blätter bis zu den Stielen in feine Streifen schneiden. Stiele wegwerfen.

3 Mandeln, Bärlauch und Parmesan im Mörser zu einer Paste zerstoßen. Öl nach und nach zugießen. Oder alles im Rührbecher mit dem Schneidstab grob pürieren. Mit Salz und Pfeffer würzen.

4 Nudeln nach Packungsanweisung garen. Mozzarella abgießen und auf Küchenpapier abtropfen lassen. In Würfel schneiden oder mit den Fingern zerreißen.

5 Nudeln abgießen, abtropfen lassen und zurück in den Topf geben. Pesto mit den heißen Nudeln mischen und Mozzarellawürfel unterheben. Abschmecken und anrichten.

bärlauchpesto auf vorrat

Pesto in saubere Schraubgläser füllen, einen Schuss Olivenöl daraufgießen und gut verschließen. So hält er sich im Kühlschrank ca. 2 Wochen ohne Geschmacksverlust.

makkaroni mit parmaschinken in pilzsoße

Aufgabe: Mittagessen für die hungrige Familie, aber pronto bitte.
Lösung: diese Ruck-zuck-Nudeln. Ergebnis: Ruhe im Karton und zehn Minuten Beinehochlegen

ca. 30 Minuten · *ganz einfach* · *Portion ca. 1,80 €* · *Portion ca. 540 kcal · E 17 g · F 14 g · KH 80 g*

Zutaten für 4 Personen:

10 g getrocknete Steinpilze
Salz, Pfeffer
1 Zwiebel, 1 Knoblauchzehe
200 g Champignons
1 EL Olivenöl
4 Scheiben Parmaschinken
400 g dünne Makkaroni (z. B. Bucatini)
250 g Kirschtomaten
evtl. 3–4 EL Weißwein
100 g Schlagsahne
1 EL TK-Petersilie

1 Steinpilze in 100 ml heißem Wasser 12–15 Minuten einweichen. Für die Nudeln 3–4 l Salzwasser (1 TL Salz pro Liter) in einem großen Topf zum Kochen bringen. Zwiebel und Knoblauch schälen und fein hacken. Champignons putzen, evtl. waschen und halbieren.

2 Öl in einer Pfanne erhitzen. Schinken darin von beiden Seiten kross braten. Auf Küchenpapier abtropfen lassen. Champignons, Zwiebel und Knoblauch im Bratfett ca. 5 Minuten braten. Mit Salz und Pfeffer würzen. Makkaroni nach Packungsanweisung garen.

3 Tomaten waschen und grob zerkleinern. Steinpilze abtropfen lassen, dabei das Einweichwasser auffangen. Pilze hacken. Mit Einweichwasser, Tomaten, Wein und Sahne zu den Champignons geben. Aufkochen und 3–4 Minuten köcheln.

4 Gefrorene Petersilie unter die Soße rühren. Mit Salz und Pfeffer abschmecken. Schinken in Stücke brechen. Nudeln abtropfen lassen. Mit Pilzsoße und Schinkenchips mischen und anrichten.

turbotipp

Wem schnell noch nicht schnell genug ist, der kauft Steinpilze, die schon klein geschnitten sind. Das verkürzt die Einweichzeit auf 5 Minuten, und das Hacken entfällt auch noch. Pilze dann einfach samt Einweichwasser zugeben. Weiteres Plus: Stückige Steinpilze sind viel preiswerter als Scheiben.

Kitchen

nudeln mit grünem spargel und ricottasoße

Kleine Farbtherapie für Gestresste: Gelb erhellt das Gemüt, Grün steht für Harmonie, und lecker schmeckt's auch noch

ca. 30 Minuten · einfach · Portion ca. 2,40 € · Portion ca. 530 kcal · E 24 g · F 21 g · KH 53 g

Zutaten für 4 Personen:

- 750 g grüner Spargel
- 100 g Pecorinokäse oder Parmesan (im Stück)
- 2 EL Pinienkerne
- 400 g schmale Bandnudeln
- Salz, Pfeffer
- 1 Zwiebel
- 1 EL Butter
- 1 gestr. EL (10 g) Mehl
- ⅛ l trockener Weißwein
- 100 g cremiger Ricottakäse
- 2 EL Olivenöl

1 Spargel waschen, die holzigen Enden großzügig abschneiden. Spargel in 2–3 cm lange Stücke schneiden, längs halbieren. Pecorino grob raspeln. Pinienkerne in einer Pfanne ohne Fett rösten, herausnehmen.

2 Für die Nudeln 3–4 l Salzwasser (1 TL Salz pro Liter) in einem großen Topf zum Kochen bringen. Zwiebel schälen und fein würfeln. Butter erhitzen. Zwiebel darin andünsten. Mehl darüberstäuben und kurz hell anschwitzen. Mit Wein und ¼ l Wasser ablöschen und aufkochen. Unter Rühren ca. 5 Minuten köcheln. Nudeln nach Packungsanweisung garen.

3 Ricotta und Hälfte Pecorino unter Rühren in der Soße schmelzen. Mit Salz und Pfeffer abschmecken. Öl in der Pfanne erhitzen. Spargel darin ca. 5 Minuten braten. Nudeln abgießen. Mit Spargel und Käsesoße anrichten. Mit Pinienkernen und übrigem Pecorino bestreuen.

Griff

grüner spargel macht kaum arbeit

Nur die holzigen Enden so weit großzügig abschneiden, bis die Stangen grün, saftig und knackig werden.

bandnudeln mit lachs-cognac-soße

Liebe geht durch den Magen und nicht durch zwanzig Töpfe. Kosten Sie diese schnelle, mit Limettensaft verfeinerte Soße, und Sie wissen, wovon wir sprechen

ca. 30 Minuten · *ganz einfach* · *Portion ca. 2,50 €* · *Portion ca. 720 kcal · E 31 g · F 31 g · KH 68 g*

Zutaten für 4 Personen:

- Salz, Pfeffer
- 350 g Lachsfilet (ohne Haut)
- 1 Zwiebel
- 1 EL Olivenöl
- 400 g Bandnudeln (z. B. Linguine)
- 1 Würfel (50 g) Krebssuppenpaste
- 2 EL Cognac oder Brandy
- ¼ l Fischfond (Glas) oder Gemüsebrühe
- 200 g Schlagsahne
- 1–2 TL Limettensaft
- 3–4 Stiele Dill

1 Für die Nudeln 3–4 l Salzwasser (1 TL Salz pro Liter) in einem großen Topf zum Kochen bringen.

2 Lachs waschen, trocken tupfen und in Würfel schneiden. Zwiebel schälen, fein würfeln. Öl in einer Pfanne erhitzen. Lachs darin goldbraun braten. Mit Salz und Pfeffer würzen und herausnehmen. Nudeln nach Packungsanweisung garen.

3 Krebspaste in der Pfanne zerlassen. Zwiebel darin andünsten. Mit Cognac, Fond und Sahne ablöschen. Aufkochen und 3–4 Minuten köcheln. Mit Salz, Pfeffer und Limettensaft abschmecken. Dill waschen, trocken tupfen und, bis auf etwas zum Garnieren, fein schneiden. Dill in die Soße rühren. Lachs zufügen und erhitzen.

4 Nudeln abtropfen lassen und mit der Lachssoße auf Tellern anrichten. Mit restlichem Dill garnieren.

Krebssuppenpaste

... ist eine tolle Basis für feine Fischsoßen und Krebssuppen. Die aromastarke Paste hat eine rötliche Farbe und wird aus pflanzlichen Fetten, Krebsschalen, Weizenmehl, Paprikapulver und weiteren Gewürzen hergestellt. Gibt's im Feinkostregal des Supermarktes bzw. an der Fischtheke oder in Fischläden. Auch in anderen Geschmacksrichtungen (Hummer, Lachs, Fisch) erhältlich.

unsere schnellsten menüs

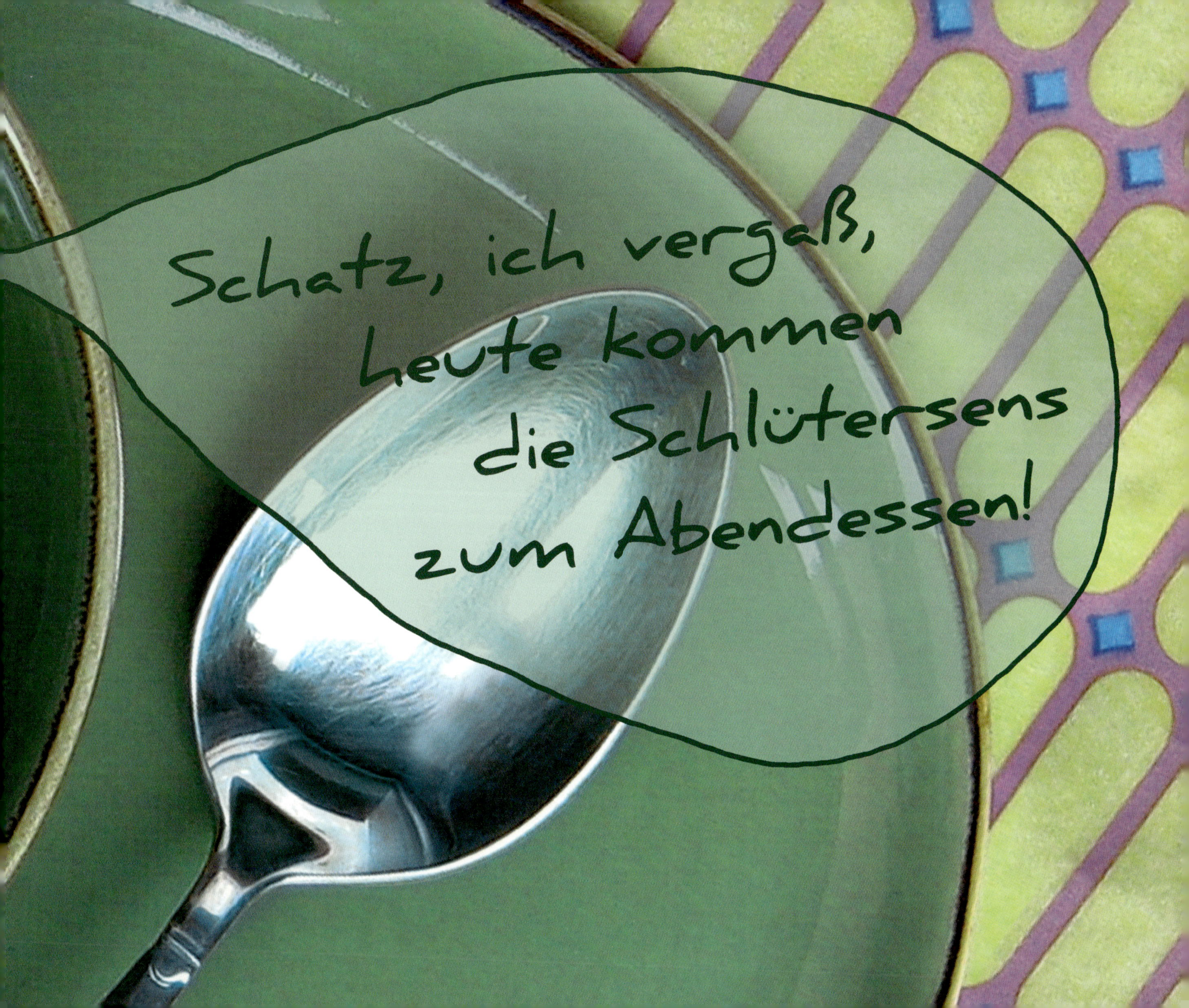
Schatz, ich vergaß, heute kommen die Schlütersens zum Abendessen!

frühlingssalat mit ei-vinaigrette

Aller Anfang ist schnell. Der erste Gang ist in 25 Minuten vorbereitet, während sich Ihre Gäste mit ca. 50 km/h nähern

ca. 25 Minuten · ganz einfach · Portion ca. 80 ct · Portion ca. 180 kcal · E 6 g · F 14 g · KH 5 g

Zutaten für 4 Personen:

- 2 Eier
- 1 Kohlrabi
- 100 g Baby-Salatmix
- 1 Schalotte
- ½ Bund Schnittlauch
- 4 EL Weißwein-Essig
- 1 TL mittelscharfer Senf
- 1 TL flüssiger Honig
- Salz, Pfeffer
- 4 EL Öl

1 Eier ca. 10 Minuten hart kochen. Mit kaltem Wasser abschrecken und abkühlen lassen.

2 Kohlrabi schälen, waschen, halbieren, quer in dünne Scheiben schneiden oder hobeln. Salatmix verlesen, waschen, trocken schleudern.

3 Für die Vinaigrette Schalotte schälen und fein würfeln. Schnittlauch waschen, trocken schütteln und in feine Röllchen schneiden. Essig, Senf, Honig, Salz und Pfeffer verrühren. Öl langsam darunterschlagen. Eier schälen und in kleine Würfel schneiden. Mit Schalotte und Schnittlauch unter die Vinaigrette rühren.

4 Kohlrabi und Salat vorsichtig mischen und auf Tellern anrichten. Mit der Ei-Vinaigrette beträufeln. Dazu schmeckt Baguette.

quicktipp

Mit einem Eierschneider lässt sich die Salatzubereitungszeit um weitere 47 Sekunden reduzieren.

pappardelle mit garnelen in tomaten-Kapern-soße

Wenn Sie Knoblauch und Zwiebeln mit 4,53 km/h schneiden und die Kapern mit 200 U/Min. unterrühren, steht die Pasta in nur 35 Minuten auf dem Tisch

ca. 35 Minuten · *ganz einfach* · *Portion ca. 3,30 €* · *Portion ca. 550 kcal · E 28 g · F 11 g · KH 81 g*

Zutaten für 4 Personen:

- 300 g rohe Garnelen (ohne Kopf, mit Schale; frisch oder TK)
- 1 Zwiebel
- 1 Knoblauchzehe
- 1 mittelgroße Möhre
- 2 Lauchzwiebeln
- 2 kleine Chilischoten
- 3 EL Olivenöl
- 1 Packung (500 g) stückige Tomaten
- Salz, Zucker
- 400 g Bandnudeln (z. B. Pappardelle)
- 2 EL Kapern (Glas)

1 Garnelen evtl. auftauen lassen. Zwiebel und Knoblauch schälen und fein würfeln. Möhre schälen, waschen und fein würfeln. Lauchzwiebeln putzen, waschen und in Ringe schneiden. Chilis putzen, längs einritzen, entkernen, waschen und fein hacken.

2 1 EL Öl in einem Topf erhitzen. Zwiebel, Knoblauch, Gemüse und Chili darin andünsten. Stückige Tomaten zugeben, aufkochen und zugedeckt ca. 10 Minuten köcheln. Mit Salz und Zucker abschmecken. Für die Nudeln 3–4 l Salzwasser (1 TL Salz pro Liter) in einem großen Topf zum Kochen bringen.

3 Inzwischen Garnelen, bis auf die Schwanzflosse, schälen. Am Rücken längs einritzen und evtl. den dunklen Darm entfernen. Garnelen waschen, trocken tupfen und evtl. der Länge nach halbieren.

4 Nudeln im kochenden Wasser nach Packungsanweisung garen. 2 EL Öl in einer Pfanne erhitzen. Garnelen darin unter Wenden 2–3 Minuten braten. Mit Salz würzen. Mit den Kapern in die Tomatensoße rühren. Soße nochmals abschmecken. Nudeln abtropfen lassen. Mit der Soße mischen und anrichten.

süßer himbeertraum

Wieviel km/h eine Himbeere hat, ist wissenschaftlich nicht belegt. Auf der Zunge jedenfalls zergeht sie in Zeitlupe

ca. 25 Minuten · *ganz einfach* · *Portion ca. 1,40 €* · *Portion ca. 350 kcal · E 9 g · F 18 g · KH 35 g*

Zutaten für 4 Personen:

- 200 g Himbeeren (frisch oder TK)
- 3–4 leicht gehäufte EL Zucker
- 100 g Schoko-Cookies
- 500 g Sahnejoghurt (10 % Fett)
- 2 EL Zitronensaft

1 Frische Himbeeren verlesen und evtl. waschen. Frische oder gefrorene Beeren mit 1–2 EL Zucker bestreuen und evtl. auftauen lassen.

2 Kekse grob zerbröseln und in vier Dessertgläser oder -schälchen verteilen. Joghurt, 2 EL Zucker und Zitronensaft glatt rühren. Himbeeren unterheben und die Joghurtcreme auf die Kekse füllen. Etwas durchziehen lassen.

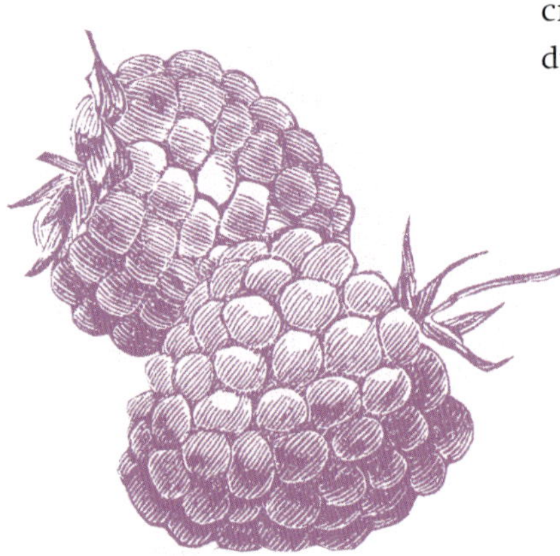

zeit plan

Ca. 1 ½ Stunden vorher
Dessert: Himbeeren zuckern und evtl. auftauen lassen. Hauptgang: evtl. Garnelen auftauen.

1 ¼ Stunden vorher
Vorspeise: Eier hart kochen. Salat und Vinaigrette vorbereiten.

50 Minuten vorher
Hauptgang: Garnelen und Lauchzwiebeln vorbereiten, kalt stellen.

35 Minuten vorher
Dessert: Himbeer-Joghurt-Creme zubereiten und einschichten.

25 Minuten vorher
Hauptgang: Tomatensoße kochen und warm halten.

Kurz vorher
Vorspeise: Salat anrichten. Hauptgang: Nudelwasser aufsetzen. Garnelen braten und in der Soße warm halten.

Es klingelt
Zeit, Ihren persönlichen Rekord im Türöffnen-auf-Highheels zu brechen.

Nach der Vorspeise
Hauptgang: Nudeln kochen. Alles mit der Soße mischen und anrichten.

zucchini-apfel-salat mit mortadella

Durch optimierte Arbeitsabläufe in der Gemüseabteilung ist die Vorspeise in nur 20 Minuten fertig

ca. 20 Minuten · *ganz einfach* · *Portion ca. 80 ct* · *Portion ca. 230 kcal · E 5 g · F 19 g · KH 8 g*

Zutaten für 4 Personen:

- 1 EL Pinienkerne
- 2 Zucchini (ca. 500 g)
- 4 dünne Scheiben italienische Mortadella
- 1 kleiner Apfel
- Saft von 1 Limette
- 1 TL Honig
- Salz, Pfeffer
- 3 EL Öl

1 Pinienkerne in einer Pfanne ohne Fett rösten und herausnehmen. Zucchini putzen, waschen, auf einem Gemüsehobel der Länge nach in feine Streifen schneiden. Mortadella in dünne Streifen schneiden.

2 Apfel waschen, vierteln und entkernen. Apfel in sehr kleine Würfel schneiden. Limettensaft, Honig, Salz und Pfeffer verrühren. Öl kräftig darunterschlagen. Apfelwürfel unterrühren.

3 Zucchini, Mortadella und Pinienkerne mit der Apfel-Vinaigrette mischen und auf Tellern anrichten. Dazu schmeckt Ciabatta.

Griff

gemüsestreifen

... sind auch mit einem Julienneschneider schnell gemacht, der ähnlich wie ein Sparschäler benutzt wird, aber eine gezackte Klinge hat. Wer weder Gemüsehobel noch Julienneschneider hat, schneidet die Zucchini mit einem scharfen Messer zunächst längs in dünne Scheiben und diese dann in Streifen.

pute mit tomate und mozzarella

Ein sommerlich leichter Hauptgang. Perfekt, um den Tag bei einem Glas Wein und den letzten Sonnenstrahlen ausklingen zu lassen

ca. 25 Minuten · *ganz einfach* · *Portion ca. 1,40 €* · *Portion ca. 350 kcal · E 43 g · F 18 g · KH 2 g*

Zutaten für 4 Personen:

- 500 g Putenbrust
- 250 g Büffelmozzarella
- 3 Tomaten
- 2 EL Öl
- Salz, Pfeffer
- 2–3 TL Pesto (Glas)
- 2–3 Stiele Basilikum

1 Fleisch waschen und trocken tupfen. In 6–8 Medaillons bzw. kleine Steaks schneiden. Mozzarella in 6–8 dünne Scheiben schneiden. Tomaten waschen, trocken tupfen und grob würfeln.

2 Öl in einer Pfanne mit Deckel erhitzen. Fleisch darin von einer Seite ca. 2 Minuten braten. Mit Salz und Pfeffer würzen. Wenden. Pesto in der Pfanne verteilen. Fleisch mit Mozzarella und Tomaten belegen. Deckel auf die Pfanne legen und weitere 5–6 Minuten braten.

3 Basilikum waschen, trocken schütteln, Blättchen abzupfen. Pute mit Pestofond anrichten. Mit Basilikum garnieren. Dazu passt Ciabatta.

die paste namens pesto

Der Name Pesto bedeutet übersetzt so viel wie „zerdrückt“ und leitet sich von der Herstellung der italienischen Paste im Mörser ab. Die zerstoßenen Zutaten variieren: Für den Klassiker, „pesto alla genovese“, werden Basilikum, Pinienkerne und Pecorino bzw. Parmesan mit Salz und Öl vermengt, in einem „pesto rosso“ dürfen getrocknete Tomaten nicht fehlen.

beerenblitzeis mit vanillesahne

... macht seinem Namen alle Ehre. In nur einer Viertelstunde servierfertig und wie der Blitz verspeist

ca. 15 Minuten · *ganz einfach* · *Portion ca. 1 €* · *Portion ca. 400 kcal · E 3 g · F 16 g · KH 54 g*

Zutaten für 4 Personen:

- 200 g Schlagsahne
- 1 Päckchen Bourbon-Vanillezucker
- 500 g TK-Beerenmischung
- 150 g Zucker
- 3 EL Himbeergeist

1 Sahne halbsteif schlagen und Vanillezucker dabei einrieseln lassen. Kalt stellen.

2 Gefrorene Beeren, Zucker und Himbeergeist im Mixer oder mit einem Stabmixer fein pürieren (s. Tipp auf Seite 146). Mit einem Eisportionierer ca. 12 Kugeln abstechen und je 3 in einer Tasse oder in einem Schälchen anrichten. Die Sahne gleichmäßig darauf verteilen und sofort servieren.

frisch servieren

Natürlich können Sie, wenn Sie etwas mehr Zeit haben, das Eis auch aus frischen Beeren zubereiten. Legen Sie dafür 500 g geputztes Beerenobst auf einer flachen Schale für 30 Minuten in den Froster. Anschließend wie links beschrieben pürieren und für weitere 30 Minuten in den Froster stellen.

eiskalt variieren

Sie können dieses Eis mit fast jedem gefrorenen Obst, z. B. Kirschen, Aprikosen oder Zwetschen, zubereiten. Ersetzen Sie dann den Himbeergeist durch einen zur Frucht passenden Likör oder Brand.

zeit plan

1 Stunde vorher
Dessert: Blitzeis vorbereiten und als Kugeln einfrieren.

50 Minuten vorher
Vorspeise: Salatzutaten und Vinaigrette zubereiten, alles mischen und kalt stellen.

40 Minuten vorher
Hauptgang: Tomate und Mozzarella schneiden. Fleisch in Medaillons schneiden.

20 Minuten vorher
Hauptgang: Ciabatta schneiden. Medaillons braten und mit Tomate und Mozzarella belegen.

10 Minuten vorher
Dessert: Sahne halbsteif schlagen und zugedeckt kalt stellen.

Kurz vorher
Vorspeise: Salat anrichten. Hauptgang: Putenmedaillons im heißen Ofen warm halten.

Es klingelt
Auch wenn Frank und Britta mal wieder überpünktlich sind, entspannt die Tür aufmachen.

Nach der Vorspeise
Hauptgang: Putenmedaillons anrichten.

Nach dem Hauptgang
Dessert: Blitzeis mit Sahne anrichten.

parmaschinken-happen mit melone

Mit der gewickelten Variante des Klassikers Parmaschinken mit Melone wickeln Sie Ihre Gäste gleich zu Beginn um den Finger

ca. 15 Minuten · ganz einfach · Portion ca. 1,40 € · Portion ca. 150 kcal · E 5 g · F 10 g · KH 10 g

Zutaten für 4 Personen:

- ¼ Honigmelone
- 1 Schalotte
- 3 EL weißer Balsamico-Essig
- Salz, Pfeffer
- 1 TL Honig
- 2 EL Olivenöl
- 4–5 Blatt Eichblattsalat
- 6–8 Blatt Rucola
- 8 Scheiben (ca. 120 g) Parmaschinken

1 Melone entkernen und in 4 Spalten schneiden. Fruchtfleisch von der Schale schneiden, quer halbieren.

2 Schalotte schälen und fein würfeln. Essig, Salz, Pfeffer und Honig verrühren. Öl darunterschlagen. Schalotte unterrühren. Salat und Rucola putzen, waschen, trocken schütteln und klein schneiden. Mit der Vinaigrette mischen.

3 Auf jede Schinkenscheibe quer 1 Stück Melone und etwas Salat geben. Schinken von der kurzen Seite her aufrollen. Einmal quer halbieren. Dazu schmeckt Baguette.

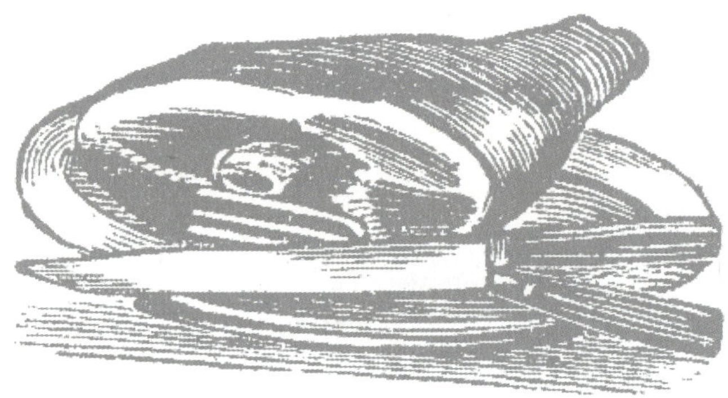

teriyaki-lachs auf zuckerschotensalat

Bei diesem Hauptgang stellt sich die Frage, ob er schneller gekocht oder gegessen ist

ca. 30 Minuten · *einfach* · *Portion ca. 4,50 €* · *Portion ca. 700 kcal · E 46 g · F 32 g · KH 53 g*

Zutaten für 4 Personen:

- Salz, Pfeffer
- 4 Lachsfilets (à ca. 175 g; ohne Haut)
- 5–6 EL Teriyaki-Soße für Fisch
- 1 EL + etwas Öl
- 200 g Wildreismischung
- 400 g Zuckerschoten
- 1 gehäufter EL Sesam (z. B. weiß und schwarz)
- 4 EL Sojasoße
- 4 EL Limettensaft
- 1 EL flüssiger Honig
- 2 EL Sesamöl

1 Backofen vorheizen (E-Herd: 225 °C/ Umluft: 200 °C/Gas: Stufe 4). Für den Reis gut 400 ml Salzwasser zum Kochen bringen.

2 Lachs waschen, trocken tupfen und in Teriyaki-Soße und 1 EL Öl wenden. Ziehen lassen.

3 Reis ins kochende Salzwasser geben und zugedeckt ca. 20 Minuten quellen lassen. Zuckerschoten putzen, waschen und 2–3-mal längs in feine Streifen schneiden.

4 Ein Backblech ca. 5 Minuten in den heißen Ofen schieben. Das heiße Blech leicht fetten. Fisch abtropfen lassen, auf das Blech legen, ca. 10 Minuten braten. Lachsstücke nach ca. 5 Minuten mit Sesam bestreuen.

5 Zuckerschoten in kochendem Salzwasser 2–3 Minuten garen. Sojasoße, Limettensaft, Honig und Sesamöl mischen. Die Zuckerschoten abtropfen lassen und heiß in der Limettensoße schwenken. Mit dem Lachs anrichten. Reis dazureichen.

rhabarberkompott mit grieß

Finaaale, oho! Dieses fruchtig-süße Dessert ist ein köstlicher Abschluss

ca. 25 Minuten · *einfach* · *Portion ca. 80 ct* · *Portion ca. 310 kcal · E 8 g · F 7 g · KH 50 g*

Zutaten für 4 Personen:

- 500 g Rhabarber
- 1 Stückchen (ca. 20 g) Ingwer
- 75 g + 2 EL Zucker
- 2 EL Orangenlikör (z. B. Grand Marnier)
- Saft von 1 großen Orange
- 1 Ei (Gr. M)
- ½ l Milch
- 50 g Hartweizengrieß
- 1 EL Zitronensaft

1 Rhabarber putzen, waschen und in kleine Stücke schneiden. Ingwer schälen und sehr fein würfeln.

2 75 g Zucker, Ingwer, Likör und Orangensaft aufkochen. Die Rhabarberstücke darin 5 Minuten garen und abkühlen lassen.

3 Ei trennen. Eigelb und 3 EL Milch verquirlen. Übrige Milch aufkochen. 2 EL Zucker und Grieß einrieseln lassen, unter Rühren bei schwacher Hitze ca. 5 Minuten quellen lassen.

4 Grieß vom Herd nehmen. Eigelb und Zitronensaft unterrühren. Eiweiß steif schlagen, locker unterheben. Abkühlen lassen.

5 Kompott in Dessertschalen füllen. Mit einem Esslöffel vom Grießpudding Nocken abstechen und auf das Kompott setzen.

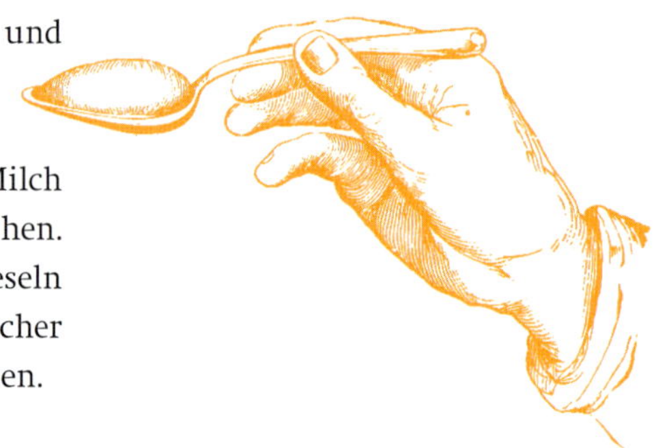

zeit plan

1 ¼ Stunden vorher
Dessert: Rhabarberkompott und Grießpudding kochen, beides kalt stellen.

45 Minuten vorher
Vorspeise: Salate waschen, kalt stellen. Melone vorbereiten, Marinade rühren.
Hauptgang: Zuckerschoten vorbereiten.

30 Minuten vorher
Hauptgang: Fisch marinieren. Soße für Zuckerschoten zubereiten.

10 Minuten vorher
Vorspeise: Parmaschinken-Happen fertigstellen.

Kurz vorher
Hauptgang: Reis aufsetzen. Backofen starten.

Es klingelt
Zeitschrift beiseitelegen und die Gäste hereinlassen.

Nach der Vorspeise
Hauptgang: Fisch in den Ofen schieben. Zuckerschoten garen.

Nach dem Hauptgang
Dessert: Rhabarberkompott mit Grieß anrichten.

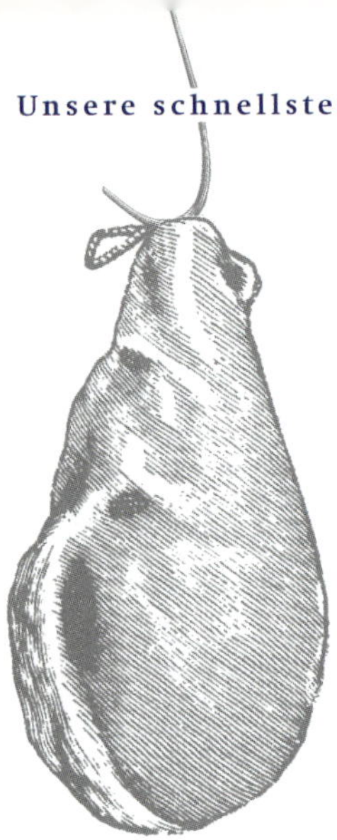

Kartoffelsuppe mit erbsen und speckstippe

Investieren Sie 3 x 25 Minuten Zeit und genießen Sie mit Ihren Gästen ein komplettes Drei-Gänge-Menü. Los geht's mit dieser herzhaften kleinen Vorspeise

ca. 25 Minuten · *ganz einfach* · *Portion ca. 1,10 €* · *Portion ca. 340 kcal · E 10 g · F 19 g · KH 29 g*

Zutaten für 4 Personen:

- 3–4 Schalotten
- 100 g geräucherter durchwachsener Speck
- 200 g Champignons
- 3 TL Gemüsebrühe (Instant)
- ¼ l Milch
- 1 Beutel Kartoffelpüree (für ½ l Flüssigkeit)
- 150 g TK-Erbsen
- Salz, Pfeffer, Muskat

1 Schalotten schälen, in dünne Spalten schneiden. Speck in feine Streifen schneiden. Pilze putzen, evtl. waschen, in Scheiben schneiden.

2 ¾ l Wasser mit Brühe aufkochen. Topf vom Herd nehmen, Milch zugießen und Püreeflocken einrühren. Gefrorene Erbsen zufügen und alles einmal aufkochen. Auf der ausgeschalteten Herdplatte stehen lassen. Mit Salz, Pfeffer und Muskat abschmecken.

3 Inzwischen Speck in einer Pfanne ohne Fett ca. 5 Minuten knusprig anbraten. Pilze und Schalotten ca. 3 Minuten mitbraten. Suppe mit der Speckstippe anrichten.

roastbeefröllchen mit feigensenf

Da der Tag nun mal nur 24 Stunden hat, sind auch diese schnellen Hauptspeisen in 25 Minuten fertig gerollt

ca. 25 Minuten · *ganz einfach* · *Portion ca. 3,70 €* · *Portion ca. 390 kcal · E 33 g · F 11 g · KH 36 g*

Zutaten für 4 Personen:

1 Bund Lauchzwiebeln
8 dünne Scheiben (à ca. 60 g) mageres Roastbeef (beim Fleischer schneiden lassen)
Salz, Pfeffer
4–6 TL Feigensenf
2 EL Olivenöl
1 EL Zucker
3–4 EL Balsamico-Essig
Holzspießchen, Alufolie

1 Lauchzwiebeln putzen, waschen und in Stücke schneiden. Roastbeefscheiben trocken tupfen und etwas flacher drücken. Mit Salz und Pfeffer würzen und dünn mit Feigensenf bestreichen. Aufrollen und mit Spießchen feststecken.

2 Öl in einer Pfanne erhitzen. Rouladen darin bei starker Hitze rundherum 4–5 Minuten braun braten. In Folie wickeln und 5 Minuten ruhen lassen.

3 Lauchzwiebeln im Bratfett 2–3 Minuten unter Rühren anbraten. Mit Zucker bestreuen und schmelzen lassen. Essig und 200 ml Wasser angießen, aufkochen und ca. 2 Minuten köcheln. Rouladen auswickeln und den entstandenen Bratenfond zu den Lauchzwiebeln gießen. Abschmecken und alles anrichten. Dazu schmeckt Baguette.

rahmtöpfchen mit preiselbeersoße

Ein echtes Schmankerl, das Ihren Gästen mindestens 25 Aaahs und Ooohs entlockt

ca. 25 Minuten + Wartezeit · *einfach* · *Portion ca. 1,40 €* · *Portion ca. 640 kcal · E 12 g · F 43 g · KH 47 g*

Zutaten für 4 Personen:

- 1 Vanilleschote oder
- 1 Päckchen Bourbon-Vanillezucker
- 200 g Schlagsahne
- 250 g Magerquark
- 75 g Zucker
- 1 Glas (212 ml) Wildpreiselbeeren (im eigenen Saft)

1 Vanilleschote längs aufschneiden und das Mark herauskratzen. Sahne steif schlagen. Quark, Vanillemark und Zucker verrühren. Die Sahne unterheben.

2 Preiselbeeren mit Saft in einen hohen Rührbecher geben. ⅓ Beeren abnehmen, Rest pürieren. Preiselbeeren unterheben. Rahmtöpfchen in Dessertschälchen füllen und mit der Soße servieren.

zeit plan

1 Stunde vorher
Dessert: Rahmtöpfchen und Preiselbeersoße zubereiten, beides zugedeckt kalt stellen.

50 Minuten vorher
Vorspeise: Kartoffelsuppe kochen. Speckstippe braten, in Alufolie warm halten.

40 Minuten vorher
Hauptgang: Lauchzwiebeln in Stücke schneiden. Rouladen aufrollen und feststecken.

20 Minuten vorher
Hauptgang: Rouladen braten, in Alufolie warm halten. Lauchzwiebelgemüse braten und die Soße herstellen.

10 Minuten vorher
Vorspeise: Kartoffelsuppe erhitzen. Baguette in Scheiben schneiden.

Kurz vorher
Vorspeise: Suppe mit der Speckstippe anrichten.

Es klingelt
Kneifen Sie sich 3x in jede Wange, um etwas „Stress" vorzutäuschen, und öffnen Sie.

Nach der Vorspeise
Hauptgang: Rouladen in dem Lauchzwiebelgemüse erhitzen, anrichten.

Nach dem Hauptgang
Dessert: Rahmtöpfchen mit Preiselbeersoße anrichten.

fix und feierabend

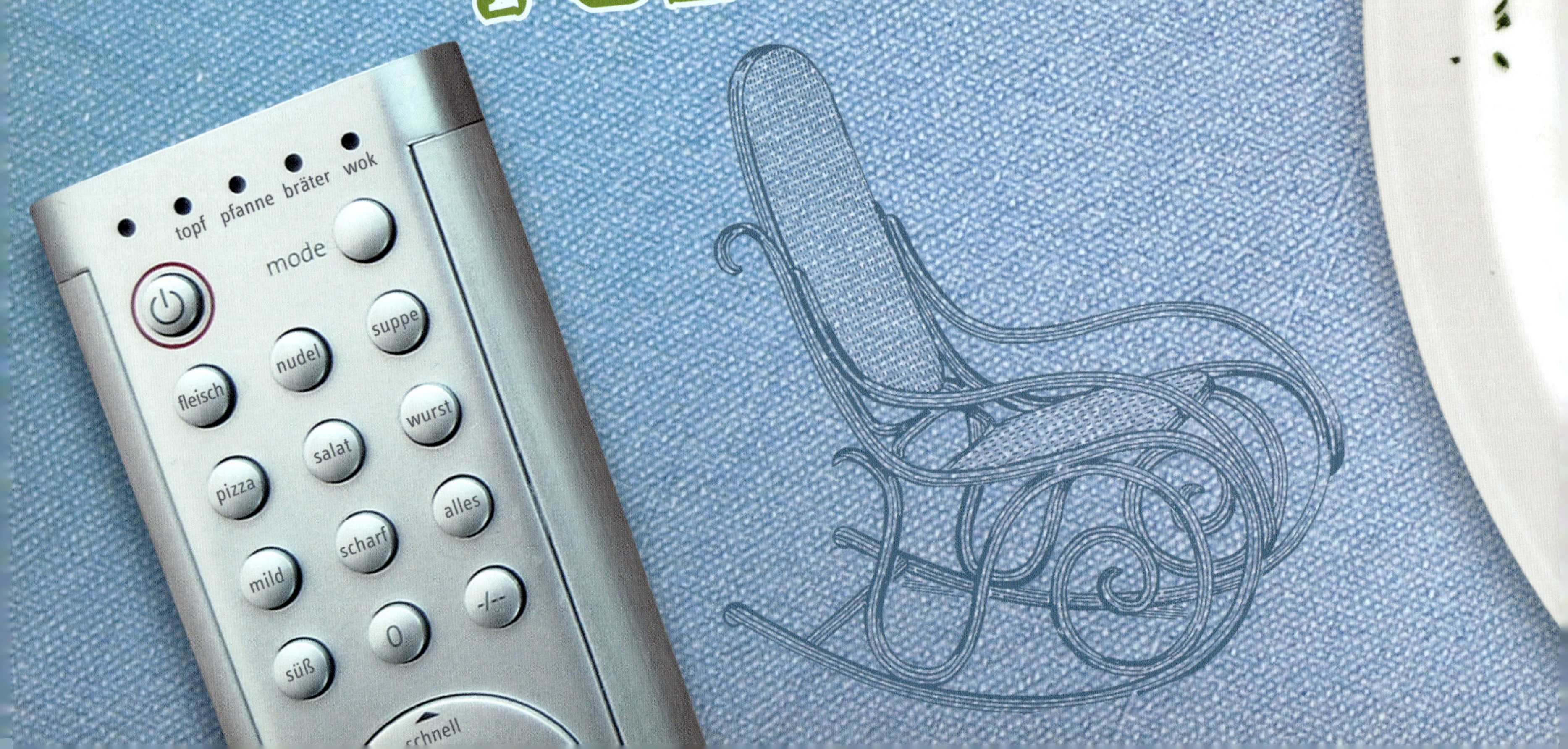

flammkuchen mit thunfisch

Knurrt der Magen bedrohlich laut „Feierabend“, muss daheim fix was auf den Tisch

ca. 25 Minuten · *ganz einfach* · *Portion ca. 1,30 €* · *Portion ca. 510 kcal · E 29 g · F 20 g · KH 51 g*

Zutaten für 3–4 Personen:

1 Bund Lauchzwiebeln
250 g Schmand
1 TL getrockneter Thymian
Salz, Pfeffer
2 Dosen (à 210 ml) Thunfisch im eigenen Saft
1 Rolle (400 g) frischer Pizzateig (aus dem Kühlregal)
Backpapier

1 Backofen vorheizen (E-Herd: 225 °C/Umluft: 200 °C/Gas: Stufe 4). Lauchzwiebeln putzen, waschen, schräg in Ringe schneiden. Schmand und Thymian verrühren und mit Salz und Pfeffer würzen. Thunfisch abtropfen lassen und mit einer Gabel zerzupfen.

2 Teig entrollen, auf ein mit Backpapier ausgelegtes Backblech legen. Schmand daraufstreichen. Lauchzwiebeln und Thunfisch darauf verteilen. Im heißen Backofen ca. 10 Minuten backen. Flammkuchen in Stücke schneiden, servieren.

Griff

alle auf einmal

Lauchzwiebeln putzen und waschen. Die Stangen mit einer Hand zusammenhalten und in dünne Ringe schneiden.

gnocchi-geröstl

Statt fürs Après-Ski entscheidet sich der Toni abends nach der großen Abfahrt für Kartoffelklößchen, überbacken mit Appenzeller

ca. 20 Minuten · *ganz einfach* · *Portion ca. 1,50 €* · *Portion ca. 530 kcal · E 14 g · F 24 g · KH 61 g*

Zutaten für 4 Personen:

- 2 EL Butter
- 2 Beutel (à 400 g) Gnocchi (aus dem Kühlregal)
- Salz, Pfeffer, Muskat
- 100 g Appenzellerkäse (Stück)
- ½ Bund Schnittlauch
- 75–100 g Südtiroler Speck in hauchdünnen Scheiben

1 Backofen vorheizen (E-Herd: 225 °C/ Umluft: 200 °C/Gas: Stufe 4). Butter in einer großen ofenfesten Pfanne erhitzen. Gnocchi darin unter Wenden ca. 5 Minuten goldbraun braten und mit Salz, Pfeffer und Muskat würzen.

2 Käse grob reiben und darüberstreuen. Im heißen Backofen ca. 5 Minuten überbacken.

3 Schnittlauch waschen, in lange Röllchen schneiden und über die Gnocchi streuen. Südtiroler Speck darauf anrichten.

südtiroler speck

Speck ist nicht gleich Speck. Im Gegensatz zu durchwachsenem Speck aus Schweinebauch ist Südtiroler Speck ein Rohschinken aus der Keule, der bis auf eine Fettkante sehr mager ist. Er wird leicht geräuchert und dann luftgetrocknet. Übrigens darf Südtiroler Speck nur so heißen, wenn er auch tatsächlich aus Südtirol kommt.

bayerischer wurstsalat

... auch nach Dienstschluss schnell zubereitet. Und während er kurz zieht, werfen Sie sich schon mal in die bequemen Lümmelhosen

ca. 30 Minuten *ganz einfach* *Portion ca. 1 €* *Portion ca. 340 kcal · E 13 g · F 28 g · KH 6 g*

Zutaten für 4 Personen:

3 rote Zwiebeln
4 Gewürzgurken
400 g Geflügelfleischwurst
1 Bund Petersilie
ca. 4 EL Weißwein-Essig
Salz, Pfeffer, Zucker
3 EL Öl

1 Zwiebeln schälen und in feine Ringe schneiden. Gewürzgurken quer halbieren und in Stifte schneiden. Fleischwurst aus der Haut lösen. Wurst in dünne Streifen schneiden. Petersilie waschen, trocken schütteln und, bis auf etwas zum Garnieren, fein hacken.

2 Essig, Salz, Pfeffer und 1 Prise Zucker verrühren, Öl darunterschlagen. Gehackte Petersilie unterrühren. Mit Wurst, Zwiebeln und Gurken mischen und 5–10 Minuten ziehen lassen.

3 Salat nochmals abschmecken. Anrichten und mit der restlichen Petersilie garnieren. Dazu schmeckt Laugengebäck.

darf's noch etwas mehr sein?

Wer noch etwa 250 g Emmentaler oder Greyerzer in Streifen unter den Salat mischt, hat ruck, zuck einen Schweizer Wurstsalat. Außerdem passen noch fein geschnittene Radieschen oder geraspelter Rettich und frische Schnittlauchröllchen in den Salat.

räucherlachs-carpaccio mit meerrettichpesto

Morgens Hausputz, Wäsche waschen, Mittagessen kochen. Nachmittags Flötenunterricht und Hausaufgaben. Und abends Gymnastikgruppe und Elternsprechstunde ... Nach einem solchen Tag freut sich jeder, wenn das Abendessen zackig gemacht ist

ca. 20 Minuten · *ganz einfach* · *Portion ca. 1,80 €* · *Portion ca. 350 kcal · E 14 g · F 23 g · KH 18 g*

Zutaten für 3–4 Personen:

- 30 g ganze Mandelkerne (ohne Haut)
- 1 kleines Bund Dill
- 1 gehäufter TL geriebener Meerrettich (Glas)
- 3 EL Rapsöl
- Salz, Pfeffer
- 1 TL Limettensaft
- 1 Packung (160 g) „Gourmet-Baguette mit gegrillter Paprika" (aus dem Kühlregal)
- 1 Bund Rucola (ca. 75 g)
- 200 g geräucherter Lachs in Scheiben
- Backpapier

1 Backofen vorheizen (E-Herd: 200 °C/Umluft: 175 °C/Gas: Stufe 3). Für das Pesto Mandeln grob hacken und in einer Pfanne ohne Fett rösten. Herausnehmen. Dill waschen, trocken schütteln und grob schneiden. Mit Mandeln, Meerrettich und Öl im Mixer pürieren. Mit Salz, Pfeffer und Limettensaft abschmecken.

2 Baguette auf Backpapier im heißen Backofen 8–10 Minuten backen. Rucola putzen, waschen, trocken schütteln und kleiner schneiden. Rucola und Lachs auf Teller anrichten und mit dem Pesto beträufeln. Baguette dazureichen.

frische erbsensuppe

... für Heißhungrige, Vielbeschäftigte und Spätheimkommer

ca. 20 Minuten *ganz einfach* *Portion ca. 1,10 €*
Portion ca. 300 kcal · E 11 g · F 18 g · KH 21 g

Zutaten für 4 Personen:

1 mittelgroße Zwiebel
1 EL Butterschmalz
6–8 Scheiben Frühstücksspeck
2 TL Gemüsebrühe (Instant)
1 Beutel (550 g) TK-Erbsen
200 g Schmand
Salz, Pfeffer
evtl. 1 EL rosa Beeren (pfefferähnliches Gewürz)

1 Zwiebel schälen, hacken. Schmalz in einem großen Topf erhitzen. Speck darin knusprig braten. Herausnehmen und auf Küchenpapier abtropfen lassen.

2 Zwiebel im Speckfett glasig dünsten. ½ l Wasser und Brühe einrühren und gefrorene Erbsen zugeben. Alles aufkochen und zugedeckt 6–8 Minuten köcheln. Ab und zu umrühren.

3 Suppe mit dem Stabmixer pürieren und 150 g Schmand einrühren. Mit Salz und Pfeffer abschmecken.

4 Erbsensuppe anrichten. Übrigen Schmand einrühren. Rosa Beeren zerstoßen, Speck in Stücke brechen. Beides auf die Suppe streuen.

tomatensuppe

Ich mach' uns fix was! – Für diesen Satz bewundern Sie jeden Gastgeber? Voilà, hier ist das Eilrezept für Ihren souveränen Auftritt

ca. 25 Minuten · *ganz einfach* · *Portion ca. 2,10 €*

Portion ca. 280 kcal · E 15 g · F 21 g · KH 6 g

Zutaten für 4 Personen:

- 1 Zwiebel
- 1 Knoblauchzehe
- 1 EL Öl
- 8 Scheiben Salami
- 1 EL Tomatenmark
- 1 Packung (500 g) stückige Tomaten
- 200 ml Gemüsefond (Glas)
- evtl. 5 EL Schlagsahne
- Salz, Pfeffer, Zucker
- evtl. 1–2 Stiele Majoran
- 200 g Schafskäse

1 Zwiebel und Knoblauch schälen. Beides fein würfeln. Öl in einem Topf erhitzen. Salamischeiben darin von jeder Seite kurz anbraten, herausnehmen. Zwiebel und Knoblauch im Bratöl andünsten. Tomatenmark einrühren und anschwitzen. Stückige Tomaten und Fond zugießen. Aufkochen, zugedeckt 5–10 Minuten köcheln.

2 Sahne einrühren. Suppe mit Salz, Pfeffer und Zucker abschmecken. Salami in der Suppe kurz wieder erwärmen. Majoran waschen, trocken schütteln und die Blättchen abzupfen. Suppe mit Majoran bestreuen, Schafskäse darüberbröckeln.

steaktatar klassisch französisch

Die vornehme Variante vom Zwiebelmett schmeckt köstlich zu einer Scheibe Abendbrot

ca. 25 Minuten · *ganz einfach* · *Portion ca. 3,40 €* · *Portion ca. 260 kcal · E 36 g · F 10 g · KH 5 g*

Zutaten für 4 Personen:

- 3 Schalotten
- 100 g Cornichons
- 3–4 Stiele Petersilie
- 2 EL Kapern (Glas)
- 1–2 EL Worcestersoße
- 600 g frisches Beefsteak von guter Qualität
- 4 frische Eigelb
- Meersalz
- Pfeffer aus der Mühle
- Alufolie

1 Für die Beilagen Schalotten schälen und fein würfeln. Cornichons fein würfeln. Petersilie waschen, trocken schütteln, hacken. Kapern abtropfen lassen, evtl. fein hacken. Alle Zutaten und die Worcestersoße getrennt in Schälchen füllen.

2 Für das Tatar aus der Alufolie vier Ringe (ca. 4 cm hoch; ca. 8 cm Ø) falten und auf vier Teller stellen. Steak trocken tupfen und in kleine Würfel schneiden oder hacken. Mit Eigelb gut mischen. Mit Salz und Pfeffer würzen.

3 Tatar in die Ringe füllen und hineindrücken. Die Folie vorsichtig vom Tatar entfernen.

4 Tatar mit den Beilagen servieren. So kann es jeder selbst, ganz nach Geschmack, verfeinern und würzen. Dazu schmeckt Baguette.

das tatar und die tataren

Wie es Jules Verne in seinem Roman „Der Kurier des Zaren“ beschreibt, sollen die Tataren rohes Fleisch unter ihre Sättel gelegt haben, bis dieses mürbe geritten war, um es anschließend zu verzehren. In Anlehnung daran, sagt man, habe das Steaktatar seinen Namen erhalten.

dillrührei mit eismeergarnelen

Mit diesem Rezept schaffen Sie es trotz Stau und Überstunde noch vor dem Anpfiff in den Fernsehsessel

ca. 20 Minuten · ganz einfach · Portion ca. 2 € · Portion ca. 350 kcal · E 25 g · F 26 g · KH 2 g

Zutaten für 4 Personen:

250 g Eismeergarnelen
mit Schale oder
ca. 200 g ohne Schale
½ Bund Dill
8 Eier
100 g Schlagsahne
Salz, Pfeffer
1–2 EL Butter

1 Garnelen schälen, waschen und gut trocken tupfen. Dill waschen, trocken schütteln und die Fähnchen fein schneiden.

2 Eier und Sahne verquirlen. Mit Salz und Pfeffer würzen. Butter in einer Pfanne erhitzen. Eier zugießen und mit Dill bestreuen. Bei mittlerer Hitze stocken lassen, dabei mehrmals vom Rand zur Mitte hin zusammenschieben. Die Garnelen zugeben und kurz erhitzen. Alles anrichten. Dazu schmeckt Schwarz- oder Vollkornbrot.

die eiskalte unter den garnelen

Diese rosa bis kräftig rot gefärbte Garnele wird auch „Shrimp“ oder „crevette nordique“ genannt. Sie wird in kalten nordischen Gewässern u. a. vor Norwegen, Island und Alaska gefischt. Je kälter und tiefer das Wasser, desto schmackhafter ist die Garnele. Da sie sehr empfindlich ist, wird sie gleich nach dem Fang, noch an Bord der Schiffe, gekocht und gefrostet.

steak mit gorgonzolacreme und feigen

Schnelle Sterneküche für ein ungezwungenes After-Work-Dinner

ca. 30 Minuten · *einfach* · *Portion ca. 4,60 €* · *Portion ca. 520 kcal · E 44 g · F 33 g · KH 8 g*

Zutaten für 4 Personen:

- 600 g Rinderfilet
- 1 Beutel (85 g) Blattsalatmix (z. B. Lollo rosso, Batavia, Frisée, Rucola und Feldsalat)
- 1 Schalotte
- 4 EL Weißwein-Essig
- Salz, Pfeffer
- 1 EL Honig, 5 EL Öl
- 4 frische Feigen
- 100 g Gorgonzolakäse mit Mascarpone (Käsetheke)
- 100 ml trockener Rotwein
- 30 g kalte Butter
- Küchengarn

1 Backofen vorheizen (E-Herd: 200 °C/ Umluft: 175 °C/Gas: Stufe 3). Rinderfilet trocken tupfen und in 4 Steaks schneiden.

2 Salatmix waschen, trocken schleudern. Schalotte schälen und fein würfeln. Essig, Salz, Pfeffer und Honig verrühren. 3 EL Öl darunterschlagen. Vinaigrette mit Salat und Schalotten mischen.

3 2 EL Öl in einer Pfanne erhitzen. Steaks darin bei starker Hitze pro Seite 2 Minuten kräftig anbraten. Mit Salz und Pfeffer würzen. Auf vier ofenfeste Teller oder in eine Form legen. Die Pfanne mit dem Bratensatz beiseitestellen.

4 Feigen waschen, trocken tupfen, vierteln und auf die Steaks legen. Käse in Stücke schneiden und darauf verteilen. Im heißen Backofen 5–6 Minuten überbacken.

5 Inzwischen den Bratensatz erhitzen. Mit Wein und 100 ml Wasser ablöschen, aufkochen und bei starker Hitze ca. 10 Minuten bis zur Hälfte einkochen. Pfanne vom Herd ziehen. Butter in Stückchen nach und nach unterschlagen. Mit Salz und Pfeffer abschmecken. Alles anrichten. Dazu schmeckt Baguette.

Käseduo, selbst gemacht

Der cremige Mascarpone macht den würzigen Gorgonzola etwas milder. Wer das Duo an der Käsetheke nicht bekommt, kann es auch leicht selbst herstellen: 75 g Gorgonzola mit einer Gabel zerdrücken und 2 EL Mascarpone unterrühren.

ziegenkäse auf basilikum-rucola-salat

Statt Mettwurstbrötchen und Käsestulle!

ca. 30 Minuten · *ganz einfach* · *Portion ca. 2,20 €*

Portion ca. 310 kcal · E 8 g · F 17 g · KH 28 g

Zutaten für 4 Personen:

1 kleine Zwiebel
150 g Rucola
1 Töpfchen Basilikum
4 Stiele Thymian
2 EL Pistazienkerne
250 g Ziegenkäserolle (7–8 cm Ø)
2 EL flüssiger Honig
1 Baguettebrötchen
3–4 EL Olivenöl
3 EL Weißwein-Essig
Salz, Pfeffer, Zucker
Backpapier

1 Backofen vorheizen (E-Herd: 200 °C/ Umluft: 175 °C/Gas: Stufe 3). Zwiebel schälen, würfeln. Rucola und Basilikum waschen, trocken schütteln und zerzupfen.

2 Thymian waschen und die Blättchen abzupfen. Pistazien grob hacken. Käse in 4 Scheiben schneiden, auf ein mit Backpapier ausgelegtes Blech legen. Mit Honig beträufeln. Pistazien und Thymian daraufstreuen. Brötchen längs in dünne Scheiben schneiden. Mit auf das Backblech legen. Mit 1–2 EL Öl beträufeln.

3 Im heißen Backofen 6–8 Minuten backen. Essig, Salz, Pfeffer und 1 Prise Zucker verrühren, 2 EL Öl darunterschlagen. Mit Zwiebel, Rucola und Basilikum mischen und alles anrichten.

blattsalat mit lauwarmer orangen-vinaigrette und crostini

So viel Zeit muss sein!

ca. 30 Minuten *ganz einfach* *Portion ca. 3 €*
Portion ca. 550 kcal · E 12 g · F 33 g · KH 41 g

Zutaten für 4 Personen:

300 ml Orangensaft
1 Ciabattabrot (ca. 250 g)
8 EL Olivenöl
40 g Pinienkerne
1 Kopf Lollo rosso
1 Bund Rucola
1 Töpfchen Basilikum
1 TL mittelscharfer Senf
Salz, Pfeffer
100 g Bresaola in dünnen Scheiben oder Parmaschinken

1 Orangensaft in einem kleinen Topf ca. 10 Minuten bei starker Hitze auf die Hälfte einkochen.

2 Inzwischen Brot in 12 Scheiben schneiden. Portionsweise in 3 EL Öl in einer Pfanne goldbraun braten. Auf Küchenpapier abtropfen lassen. Pinienkerne in der Pfanne bei mittlerer Hitze goldbraun rösten. Herausnehmen.

3 Orangensaft vom Herd nehmen. Lollo rosso, Rucola und Basilikum waschen und trocken schütteln. Salate putzen und in mundgerechte Stücke zupfen. Basilikumblättchen von den Stielen zupfen.

4 Orangensaft und Senf in ein hohes Gefäß geben. 5 EL Öl im dünnen Strahl mit dem Stabmixer oder Schneebesen darunterschlagen. Mit Salz und Pfeffer würzen.

5 Salate, Basilikum und Orangen-Vinaigrette mischen. Salat auf Tellern anrichten, mit Pinienkernen bestreuen. Crostini mit Bresaola belegen und zum Salat reichen.

salami-carpaccio mit paprika-concassée

Nicht für Aufschneider, sondern ziemlich smart ist diese Expressvariante aus hauchdünnem Aufschnitt

ca. 25 Minuten · ganz einfach · Portion ca. 1,30 € · Portion ca. 300 kcal · E 14 g · F 25 g · KH 3 g

Zutaten für 4 Personen:

- 2 EL Pinienkerne
- je 1 rote und gelbe Paprikaschote
- 1 Schalotte
- 1 EL Weißwein-Essig
- Salz, Pfeffer
- 2 EL + 2 TL Olivenöl
- 100 g Rucola
- 150 g hauchdünne Salamischeiben (z. B. Parma- oder Fenchelsalami)
- 4 TL Balsamico-Essig
- 40 g Parmesan (Stück)

1 Pinienkerne in einer Pfanne ohne Fett rösten, herausnehmen.

2 Für das Paprika-Concassée die Paprika putzen, waschen und in sehr feine Würfel schneiden. Schalotte schälen und fein würfeln. Für die Vinaigrette Weinessig, Salz und Pfeffer verrühren. 2 EL Öl darunterschlagen. Mit Paprika und Schalotte mischen.

3 Rucola waschen, trocken schütteln. Salami kreisförmig auf vier Tellern anrichten. Mit Balsamico und Rest Öl beträufeln. Concassée in die Mitte geben. Alles mit Pinienkernen bestreuen, den Parmesan darüberhobeln. Dazu schmeckt Ciabatta.

paprika perfekt putzen

Schoten seitlich rundum aufschneiden und auseinanderbrechen. Stiel samt Kerngehäuse herauslösen. Die hellen Trennwände mit einem kleinen scharfen Messer aus den Paprikahälften herausschneiden. Evtl. zurückbleibende Kerne auskratzen.

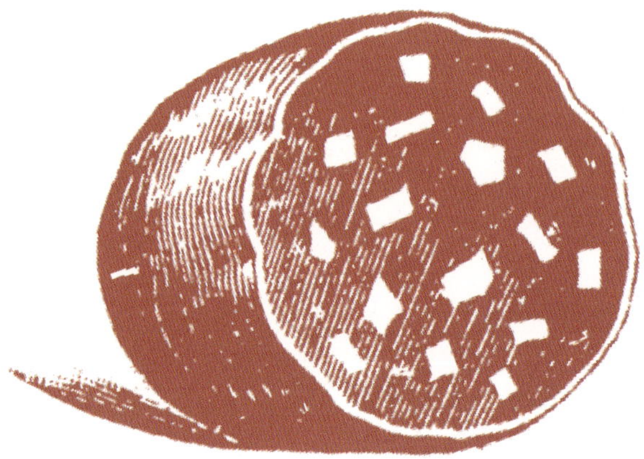

baked beans mit spiegelei

**Der Ritt durch den Tag war lang und hart?
Hier ein schnelles Abendessen für ausgehungerte Großstadtcowboys**

ca. 20 Minuten · *ganz einfach* · *Portion ca. 1,20 €* · *Portion ca. 410 kcal · E 21 g · F 18 g · KH 37 g*

Zutaten für 4 Personen:

- 1 rote Zwiebel
- 8 Scheiben Frühstücksspeck
- 2 Dosen (à 425 ml) Baked Beans (gebackene Bohnen in Tomatensoße)
- Pfeffer, Salz
- 1 EL Öl
- 4 Eier

1 Zwiebel schälen und würfeln. Speck in einer Pfanne ohne Fett knusprig braten. Herausnehmen und auf Küchenpapier abtropfen lassen.

2 Zwiebelwürfel im heißen Speckfett anbraten. Bohnen zugeben und darin unter Rühren ca. 5 Minuten erhitzen. Mit Pfeffer und wenig Salz abschmecken.

3 Inzwischen Öl in einer anderen Pfanne erhitzen. Eier hineinschlagen, bei schwacher Hitze 2–3 Minuten braten. Mit Salz und Pfeffer würzen. Spiegeleier und Speck auf den Bohnen anrichten. Dazu passt geröstetes Toastbrot.

spieglein, spieglein in der pfanne

Das Eiweiß sollte vollständig gestockt und das Eigelb noch weich sein. Erst dann die Spiegeleier mit dem Pfannenwender voneinander trennen.

Und 1 und 2 und 3 und 4 und 5 und 6 und 7 und 8 und 9 und 10, ein Hut, ein Stock, ein Regenschirm, und vorwärts, rückwärts, seitwärts, ran. Hacke, Spitze, hoch das Bein! Und 1 ...

auf die brote, fertig, los!
Anpfiff ist um 20 Uhr.
Tom und Gerd kommen auch.
Machst Du uns Schnittchen?
Dein Macho-Ehemann

steak-baguette

Kommt das Steak im Baguette daher,
lässt es sich auch gut mal im Fernsehsessel genießen

ca. 25 Minuten · *ganz einfach* · *Portion ca. 3,60 €* · *Portion ca. 640 kcal · E 46 g · F 13 g · KH 79 g*

Zutaten für 4 Personen:

2 Baguettes (à ca. 250 g)
4 Kluft- oder Beefsteaks (à ca. 150 g)
1 kleine Gemüsezwiebel
3 mittelgroße Tomaten
2–3 Stiele glatte Petersilie
2 EL Öl
Salz, Pfeffer
4 EL süßsaure Asiasoße
100 ml Mexican Sauce (Flasche)

1 Jedes Baguette einmal quer halbieren und der Länge nach ein-, aber nicht durchschneiden. Vorsichtig leicht auseinanderdrücken und etwas vom Brotinneren herauslösen.

2 Steaks trocken tupfen und in Streifen schneiden. Zwiebel schälen, halbieren und in feine Spalten schneiden. Tomaten waschen, vierteln und entkernen. Fruchtfleisch in Streifen schneiden. Petersilie waschen und fein schneiden.

3 Öl in einer großen Pfanne erhitzen. Fleisch darin bei starker Hitze unter Wenden 2–3 Minuten braten. Mit Salz und Pfeffer würzen. Asiasoße und Tomaten unterrühren, Pfanne vom Herd ziehen. Zwiebelspalten und Petersilie zugeben, alles mischen. In die Baguettes füllen und Mexican Sauce darüberträufeln oder extra reichen.

toast-pizzas

Nach durchtanzter Nacht sind diese Pizzas viel verlockender als eine Briefmarkensammlung

ca. 30 Minuten · *ganz einfach* · *Portion ca. 1,90 €* · *Portion ca. 660 kcal · E 38 g · F 34 g · KH 46 g*

Zutaten für 4 Personen:

- 12 Scheiben Toastbrot
- 3 Tomaten
- 200 g Mozzarella
- 4 TL Tomatenmark
- Salz, Pfeffer
- 2 Scheiben gekochter Schinken
- 12 paprikagefüllte Oliven
- 4 EL Frischkäse mit Kräutern
- 8 Scheiben Bacon
- 4 Eier
- 60 g geriebener Käse
- Backpapier

1 Backofen vorheizen (E-Herd: 200 °C/Umluft: 175 °C/Gas: Stufe 3) und ein Backblech mit Backpapier belegen. Toasts leicht toasten.

2 Für die Mozzarellatoasts Tomaten waschen. Tomaten und Mozzarella in Scheiben schneiden. 4 Toasts dünn mit jeweils ½ TL Tomatenmark bestreichen. Mit Salz und Pfeffer würzen. Mit Tomaten und Mozzarella belegen.

3 Für die Schinkentoasts Schinkenscheiben und die Oliven halbieren. 4 Toasts mit Frischkäse bestreichen und mit Schinkenscheiben und Oliven belegen.

4 Für die Eitoasts Bacon in einer Pfanne ohne Fett knusprig braten und herausnehmen. Eier im Baconfett zu Spiegeleiern braten. Mit Salz und Pfeffer würzen. 4 Toasts dünn mit Rest Tomatenmark bestreichen. Mit Ei und Bacon belegen, mit Käse bestreuen. Alle Toasts im heißen Ofen 5–8 Minuten überbacken.

geröstetes ciabatta mit garnelensalat und zitronen-Kapern-mayonnaise

Hunger, ahoi! Aus der Kombüse kommen heute mal diese Luxusschnittchen!

ca. 30 Minuten · *ganz einfach* · *Portion ca. 2,40 €* · *Portion ca. 620 kcal · E 27 g · F 38 g · KH 39 g*

Zutaten für 4 Personen:

- 400 g geschälte gegarte kleine Garnelen
- 1 Knoblauchzehe
- 3–4 EL Olivenöl
- Salz, Pfeffer, Zucker
- 1 Ciabattabrot
- 1 Bio-Zitrone
- 4 EL Mayonnaise
- 200 g Schmand
- 1 EL Kapern (Glas)
- 2 Mini-Römersalate
- 1 reife Avocado

1 Backofen vorheizen (E-Herd: 225 °C/Umluft: 200 °C/Gas: Stufe 4). Garnelen waschen und trocken tupfen. Knoblauch schälen, in Scheibchen schneiden. 1 EL Öl in einer Pfanne erhitzen. Garnelen darin unter Wenden 3–4 Minuten braten. Knoblauch kurz mitbraten. Mit Salz und Pfeffer würzen. Abkühlen lassen.

2 Ciabatta erst quer halbieren und dann waagerecht durchschneiden. Mit 2–3 EL Öl beträufeln und im heißen Backofen 5–10 Minuten goldbraun rösten.

3 Für die Soße Zitrone waschen, abtrocknen und etwas Schale abreiben. Zitrone auspressen. Mayonnaise, Schmand, 3 EL Zitronensaft und -schale verrühren. Mit Salz, Pfeffer und 1 Prise Zucker abschmecken. Kapern unterrühren.

4 Salat putzen, waschen, trocken schleudern und in grobe Streifen schneiden. Avocado halbieren, entsteinen, Fruchtfleisch aus der Schale lösen und in Stücke schneiden. Mit Rest Zitronensaft beträufeln. Garnelen, Avocado, Salat und Kapernmayonnaise mischen. Auf die Brothälften verteilen.

toast carozza

Wir wissen nicht genau, warum der Italiener diesen Toast „Wagen“ nennt. Aber fest steht, er hat ordentlich Mozzarella und Salbei unter der Haube

ca. 30 Minuten *einfach* *Portion ca. 1 €*

Portion ca. 400 kcal · E 15 g · F 21 g · KH 35 g

Zutaten für 4 Personen:

3–4 Stiele Salbei
200–250 g Mozzarella
8 Scheiben Toastbrot
Salz, Pfeffer
2 Eier
2 EL Milch
2–3 EL Mehl
4–6 EL Olivenöl

1 Salbei waschen, trocken schütteln, Blättchen von den Stielen zupfen. Mozzarella abtropfen lassen und in 8 dünne Scheiben schneiden.

2 Toast entrinden und Scheiben rundherum am Rand mit etwas kaltem Wasser bestreichen. 4 Scheiben mit jeweils 2 Scheiben Mozzarella und 2 Salbeiblättchen belegen. Mit Salz und Pfeffer kräftig würzen. Mit je 1 Toastscheibe belegen, die Ränder fest andrücken.

3 Eier und Milch verquirlen. Mit Salz und Pfeffer würzen. Toasts erst mit Mehl bestäuben und dann in der Eiermilch wenden.

4 Öl in einer großen Pfanne erhitzen. Toasts darin von jeder Seite ca. 2 Minuten goldbraun braten. Herausnehmen, auf Küchenpapier abtropfen lassen. Rest Salbeiblättchen ins heiße Bratöl geben und kurz knusprig braten. Toasts halbieren, mit den Salbeiblättchen anrichten.

chicken-clubsandwich

... mit knusprigem Bacon, köstlicher Avocadocreme und knackigem Gemüse, aber ganz ohne Aufnahmegebühr und Monatsbeitrag

ca. 45 Minuten + Wartezeit · *ganz einfach* · *Portion ca. 2,30 €*

Portion ca. 510 kcal · E 33 g · F 23 g · KH 39 g

Zutaten für 4 Personen:

1 reife Avocado
1–2 EL Zitronensaft
Salz, Pfeffer, 1 Msp. gem. Kreuzkümmel, ca. 1 TL Tabasco
4 Scheiben Bacon (Frühstücksspeck)
400 g Hähnchenfilet
2 EL Olivenöl
8 Blätter Kopf- oder Römersalat
1 Fleischtomate, 1 Zwiebel
3–4 Stiele Koriander
8 Scheiben Vollkorn-Sandwichtoast

1 Avocado halbieren, Stein entfernen und das Fruchtfleisch mit einem Löffel aus der Schale lösen. Mit einer Gabel zerdrücken. Mit Zitronensaft, Salz, Kreuzkümmel und Tabasco abschmecken.

2 Bacon in einer Pfanne knusprig braten. Herausnehmen und auf Küchenpapier abtropfen lassen. Fleisch waschen, trocken tupfen. Öl im Speckfett erhitzen. Fleisch darin von jeder Seite 6–7 Minuten braten. Mit Salz und Pfeffer würzen.

3 Salatblätter waschen und trocken tupfen. Tomate waschen und in dünne Scheiben schneiden. Zwiebel schälen, in Ringe schneiden. Koriander waschen, trocken schütteln und die Blättchen abzupfen.

4 Hähnchen in längliche dünne Scheiben schneiden. Brot toasten und alle Scheiben mit Avocadocreme bestreichen. 4 Scheiben in beliebiger Reihenfolge mit Salatblättern, Hähnchenfilet, Tomaten, Zwiebeln, Speck und Koriander belegen. Mit je 1 Brotscheibe abdecken und die Sandwiches quer halbieren.

steinpilz-bruschetta

Unglaublich lecker und dabei ganz schnell gemacht.
Aber das müssen Sie ja nicht verraten ...

ca. 30 Minuten · *ganz einfach* · *Portion ca. 4,10 €* · *Portion ca. 440 kcal · E 11 g · F 21 g · KH 48 g*

Zutaten für 4 Personen:

- 500 g Steinpilze
- 2 Knoblauchzehen
- ½ Bund glatte Petersilie
- 6 EL Olivenöl
- 4 lange Scheiben (à ca. 100 g) Landbrot
- 1–2 EL Butter
- Salz, zerstoßener getr. Chili
- 1–2 EL Limettensaft

1 Pilze putzen und mit einem Pinsel oder Küchenpapier säubern. Kleine Pilze der Länge nach halbieren und große längs in Scheiben schneiden. Knoblauch schälen, fein hacken. Petersilie waschen, trocken schütteln und in Streifen schneiden.

2 Nacheinander je 2 EL Öl in einer Pfanne erhitzen. Je 2 Brotscheiben darin von jeder Seite ca. 2 Minuten rösten. Herausnehmen.

3 2 EL Öl im Bratfett erhitzen. Steinpilze darin unter Wenden 5–7 Minuten bei starker Hitze braten. Knoblauch und Petersilie kurz mitbraten. Butter zugeben und schmelzen lassen. Mit Salz, Chili und Limettensaft würzen. Pilze mit etwas Bratensatz auf den Brotscheiben verteilen und servieren.

Griff

pilze putzen

Das erdige Stielende und gegebenenfalls braune und schmierige Stellen abschneiden. Auf Wurmstiche achten! Bei größeren Exemplaren zusätzlich den Schwamm unter der Kappe wegschneiden, da er nicht schmeckt.

mini-calzone mit salami

Mit diesem Rezept stecken Sie jeden professionellen Pizzabäcker in die (Teig-)Tasche, und das in nur 30 Minuten

ca. 30 Minuten · ganz einfach · Stück ca. 2,50 € · Stück ca. 570 kcal · E 27 g · F 23 g · KH 60 g

Zutaten für 3 Stück:

- 50 g Salami in Scheiben (z. B. Fenchelsalami)
- 125 g Mozzarella
- 100 g Kirschtomaten
- 3–4 Stiele Basilikum
- 125 g cremiger Ricottakäse
- Salz, Pfeffer
- 1 Rolle (400 g) frischer Blechpizzateig (25 x 37 cm; aus dem Kühlregal)
- evtl. 1 Zweig Rosmarin zum Garnieren

1 Backofen vorheizen (E-Herd: 200 °C/Umluft: 175 °C/Gas: Stufe 3). Salami erst halbieren, dann in kurze Streifen schneiden. Mozzarella klein würfeln. Tomaten waschen und ebenfalls klein würfeln. Basilikum waschen, trocken tupfen und in Streifen schneiden. Vorbereitete Zutaten unter den Ricotta rühren. Mit Salz und Pfeffer abschmecken.

2 Pizzateig entrollen und auf dem Papier quer in 3 Streifen schneiden. Jeweils ein Drittel Ricottamasse auf je eine Hälfte eines Teigstreifens geben, die andere Teighälfte darüberklappen und die Ränder zusammendrücken. Evtl. mit einer Gabel Rillen in den Rand drücken.

3 Mini-Calzone im heißen Backofen auf dem Papier 10–12 Minuten goldbraun backen. Rosmarin waschen und den Zweig in 3 Stücke schneiden. 5 Minuten vor Ende der Backzeit auf die Calzone legen.

salami aus gemüse?

Nein, denn nicht die Fenchelknollen werden zu luftgetrockneten Würsten verarbeitet, sondern die Wurstmasse aus Fleisch wird mit Fenchelsamen gewürzt. Dadurch entsteht das besondere Aroma der Salame finocchiona.

fladenbrot-pizza „hawaii"

... mit Ananas, Mais und Putenaufschnitt

ca. 30 Minuten *ganz einfach* *Portion ca. 1,50 €*
Portion ca. 710 kcal · E 46 g · F 18 g · KH 87 g

Zutaten für 4 Personen:

- ½ Bund Petersilie
- 250 g stückige Tomaten (Packung)
- 1 EL Tomatenmark
- Salz, Pfeffer
- 1 Dose (425 ml) Gemüsemais
- 1 Dose (850 ml) Ananas in Scheiben
- 1 ovales Fladenbrot (ca. 500 g)
- 1 Packung (150 g) Putenaufschnitt (dünn geschnitten)
- 200 g geraspelter Gouda
- Backpapier

1 Backofen vorheizen (E-Herd: 225 °C/ Umluft: 200 °C/Gas: Stufe 4). Petersilie waschen, trocken schütteln und, bis auf etwas zum Garnieren, hacken. Stückige Tomaten, Tomatenmark und Petersilie verrühren. Mit Salz und Pfeffer würzen. Mais und Ananas abgießen und Ananasscheiben halbieren.

2 Fladenbrot waagerecht halbieren und auf zwei mit Backpapier ausgelegte Bleche legen. Hälften mit Tomatensoße bestreichen. Mit Ananas, Putenaufschnitt und Mais belegen. Mit Käse bestreuen.

3 Fladenbrot-Pizzas nacheinander im heißen Backofen 8–10 Minuten backen. Mit Petersilie garnieren.

fladenbrot-pizza „griechenland"

... mit Cabanossi, Fetakäse und Oliven

ca. 30 Minuten *ganz einfach* *Portion ca. 2,10 €*
Portion ca. 750 kcal · E 35 g · F 40 g · KH 56 g

Zutaten für 4 Personen:

250 g stückige Tomaten (Packung)
1 EL Tomatenmark
Salz, Pfeffer
1 TL Pizzagewürz
250 g Cabanossi
250 g Kirschtomaten
3 Zwiebeln
1 ovales Fladenbrot (ca. 500 g)
2 EL schwarze Oliven
200 g Schafs- oder Fetakäse
Basilikum zum Garnieren
Backpapier

1 Backofen vorheizen (E-Herd: 225 °C/ Umluft: 200 °C/Gas: Stufe 4). Stückige Tomaten und Tomatenmark verrühren. Mit Salz, Pfeffer und Pizzagewürz kräftig würzen. Cabanossi in Scheiben schneiden. Tomaten waschen und evtl. halbieren. Zwiebeln schälen und in dünne Ringe schneiden.

2 Fladenbrot waagerecht halbieren und auf zwei mit Backpapier ausgelegte Bleche legen. Hälften dünn mit Tomatensoße bestreichen. Mit Cabanossi, Tomaten, Oliven und Zwiebelringen belegen. Käse darüberbröckeln.

3 Fladenbrot-Pizzas nacheinander im heißen Backofen 8–10 Minuten backen. Mit Basilikum garnieren.

currywurst in der pitatasche

Grillimbiss oder Dönerbude? Kürzer ist der Weg in die eigene Küche!

ca. 30 Minuten · *ganz einfach* · *Portion ca. 1,90 €* · *Portion ca. 570 kcal · E 24 g · F 24 g · KH 61 g*

Zutaten für 4 Personen:

- ½ Salatgurke
- 2 Tomaten
- 1 kleine Zwiebel
- 1 Mini-Römersalat
- 4 Currywürste (à ca. 100 g)
- 1–2 EL Öl
- 1 EL + etwas Curry
- 100 g Tomatenketchup
- 4 Sandwichtoast-Taschen

1 Gemüse putzen, waschen und in grobe Würfel schneiden. Zwiebel schälen und würfeln. Salat putzen, waschen, trocken schleudern und in Streifen schneiden.

2 Wurst in dünne Scheiben schneiden. Öl in einer großen Pfanne erhitzen und Wurstscheiben darin unter Wenden 5–6 Minuten braten. Herausnehmen.

3 Zwiebel im Bratfett andünsten. Mit 1 EL Curry bestäuben und kurz anschwitzen. Ketchup einrühren und aufkochen. Wurst darin erhitzen.

4 Inzwischen Toasttaschen im Toaster 2–3 Minuten aufbacken. An der langen Seite aufschneiden und öffnen. Zur Hälfte mit Salat, Gurke und Tomate füllen. Currywurst mit Soße in die Taschen verteilen. Mit etwas Curry bestäuben.

arme ritter „tiroler art“

In rustikaler Ausführung mit Bauernbrot, Tomaten, Speck und Käse wird aus der klassischen Süßspeise ein herzhaftes Last-Minute-Essen

ca. 20 Minuten · *ganz einfach* · *Portion ca. 90 ct* · *Portion ca. 480 kcal · E 18 g · F 27 g · KH 37 g*

Zutaten für 3 Personen:
2 Tomaten
2 Lauchzwiebeln
2 Eier, 1–2 EL Öl
3 große Scheiben Bauernbrot
3 Scheiben (ca. 60 g) Südtiroler Speck
Salz, Pfeffer
75–100 g geriebener Käse (z. B. Pizzakäse)
Backpapier

1 Backofen vorheizen (E-Herd: 225 °C/ Umluft: 200 °C/Gas: Stufe 4). Gemüse putzen und waschen. Tomaten in Scheiben und Lauchzwiebeln in dünne Ringe schneiden.

2 Eier verquirlen. Öl in einer großen Pfanne erhitzen. Brote mit jeweils 1 Schinkenscheibe belegen. In den Eiern wenden und mit der Schinkenscheibe nach unten ca. 1 Minute braten. Dann wenden und ca. 1 Minute weiterbraten.

3 Mit der Schinkenscheibe nach oben auf ein mit Backpapier ausgelegtes Backblech legen. Gemüse darauflegen. Mit Salz und Pfeffer würzen. Käse darüberstreuen und im heißen Ofen ca. 5 Minuten überbacken.

ruck, zuck
zuckerzeug
...bis gleich!

Kirschbecher mit pumpernickel und schokolade

Ist die erste Schicht aus cremigem Quark, süßen Früchten, Brot- und Schokokrümeln weggelöffelt, stößt man zum Glück schon auf die nächste und dann noch eine und noch eine ...

ca. 20 Minuten · *ganz einfach* · *Portion ca. 80 ct* · *Portion ca. 350 kcal · E 13 g · F 14 g · KH 38 g*

Zutaten für 4 Personen:

1 Glas (680 ml) Kirschen
75 g Zartbitter-Schokolade
100 g Pumpernickel
5 EL brauner Zucker
2–3 EL Kirschwasser (ersatzw. Kirschsaft aus dem Glas)
500 g Sahnequark (40 % Fett)
ca. 7 EL Milch

1 Kirschen gut abtropfen lassen. Schokolade hacken. Pumpernickel fein zerbröseln und mit 2 EL Zucker, Kirschwasser und der Schokolade mischen. Quark, 3 EL Zucker und Milch glatt rühren.

2 Pumpernickel, Kirschen und Quarkcreme abwechselnd in vier Dessertgläser schichten.

zweite chance für trockene kuchen

Sind vom Sonntagskaffee mal wieder ein paar Stücke Schokoladenkuchen übrig, geben diese einen leckeren Ersatz für den Pumpernickel ab.

ananassalat mit „raffaello"-sahne

Das Kokoskonfekt finden Sie im Süßigkeitenregal. Aber nicht schon alle beim Warten an der Kasse auffuttern

ca. 25 Minuten *ganz einfach* *Portion ca. 1,30 €*

Portion ca. 400 kcal · E 4 g · F 28 g · KH 26 g

Zutaten für 4 Personen:

1 Bio-Zitrone

2 EL brauner Zucker

ca. 2 EL brauner Rum

½ Töpfchen Minze

1 kleine Ananas (1–1,2 kg)

200 g Schlagsahne

1 Pck. (150 g) „Raffaello" (Kokos-Mandel-Konfekt)

1 Zitrone heiß waschen, abtrocknen und die Schale abreiben. Zitrone auspressen. Saft und Schale, Zucker und Rum zu einer Marinade verrühren.

2 Minze waschen, trocken schütteln und die Blätter in Streifen schneiden. Ananas schälen, vierteln, den harten Strunk entfernen und in kleine Stücke schneiden. Mit der Minze und Marinade mischen.

3 Sahne steif schlagen. „Raffaello" in grobe Stücke schneiden und unterheben. Ananassalat und „Raffaello"-Sahne in vier Gläsern oder Schälchen anrichten.

quark-mascarpone-creme mit himbeeren

Das nennen wir „easy going“:
Den Nachtisch anrühren und einfüllen.
Der Rest ist dann Sache des Kühlschranks

ca. 30 Minuten *ganz einfach* *Portion ca. 1,80 €*
Portion ca. 390 kcal · E 12 g · F 24 g · KH 29 g

Zutaten für 4 Personen:

125 g Himbeeren (TK oder frisch)
1 Vanilleschote (ersatzw. 1 Päckchen Bourbon-Vanillezucker)
250 g Magerquark
200 g Mascarpone
5 EL Milch, 75 g Zucker
Saft von ½ Zitrone
1 Riegel weiße Schokolade

1 Himbeeren antauen lassen. Frische Himbeeren verlesen, evtl. kurz waschen. Vanilleschote längs aufschneiden, Mark herauskratzen. Mit Quark, Mascarpone, Milch und Zucker verrühren. Zitronensaft unterrühren.

2 Creme und Himbeeren in Gläser schichten. Späne mit einem Sparschäler von der Schokolade hobeln und auf die Creme streuen.

was ist eigentlich mascarpone?

Mascarpone ist ein italienischer Frischkäse, der ursprünglich aus der Lombardei südlich von Mailand stammt. Er wird – ähnlich wie Crème fraîche – durch Säuerung von Sahne hergestellt, ist aber nicht so säuerlich und mit rund 45 % Fett deutlich gehaltvoller. Mascarpone eignet sich für süße und pikante Speisen. Sie sollten ihn im Kühlschrank immer gut verschlossen halten, da er leicht fremde Gerüche annimmt.

Karamellcroûtons mit heißen Kirschen und Vanillesoße

Ganz verspielt in Würfelchen kommt der Arme Ritter heute mal als kleine Nachspeise daher

ca. 25 Minuten · *ganz einfach* · *Portion ca. 90 ct* · *Portion ca. 400 kcal · E 7 g · F 17 g · KH 51 g*

Zutaten für 4 Personen:

- ¼ l Milch
- 1 Päckchen Soßenpulver „Vanille“ (für ½ l Milch; zum Kochen)
- 6 EL Zucker
- 1 Glas (370 ml) Kirschen
- 3 EL Haselnusskerne
- 3 Milchbrötchen
- 3 EL Butter

1 Für die Vanillesoße von der Milch 3 EL Milch abnehmen. Mit Hälfte Soßenpulver (ca. 3 gestrichene TL) und 2 EL Zucker glatt rühren. Rest Milch aufkochen, das angerührte Soßenpulver einrühren und mind. 1 Minute köcheln. Vanillesoße abgedeckt kalt stellen.

2 Kirschen in einem Sieb abtropfen lassen, dabei den Saft in einem kleinen Topf auffangen. 2 EL Saft abnehmen, mit dem Rest Soßenpulver und 1 EL Zucker glatt rühren. Den übrigen Saft aufkochen, Soßenpulver einrühren und 1 Minute köcheln. Kirschen unterheben. Zugedeckt auf dem ausgeschalteten Herd warm halten.

3 Für die Croûtons Haselnüsse grob hacken. Brötchen grob würfeln. Butter in einer Pfanne erhitzen. Brötchen darin rundherum knusprig braten. Nüsse kurz mitrösten. Alles mit 3 EL Zucker bestreuen und unter Wenden karamellisieren. Croûtons mit heißen Kirschen und Vanillesoße anrichten.

her mit den alten brötchen!

Für die Zubereitung der süßen Croûtons können Sie auch gut Brötchen vom Vortag oder altes Weißbrot verwenden.

gebratene blätterteigstangen mit nektarinensalat

Passen Sie gut auf Ihre Portion auf – hier reicht schon ein Minimum an krimineller Energie, und auch die beste Freundin wird zur süßen Diebin

ca. 30 Minuten · *ganz einfach* · *Portion ca. 80 ct* · *Portion ca. 310 kcal · E 3 g · F 15 g · KH 38 g*

Zutaten für 4 Personen:

- ½ Rolle (270 g) frischer Blätterteig (aus dem Kühlregal)
- Saft von 1 Orange
- 6 EL brauner Zucker
- 2–3 Stiele Minze
- 4–6 Nektarinen
- 2 EL Öl

1 Teig bis zur Hälfte (ca. 20 cm lang) abrollen und samt dem Papier abschneiden. (Übrige Teigrolle gut verpacken und einfrieren.) Teigplatte bei Zimmertemperatur ca. 10 Minuten ruhen lassen.

2 Für den Nektarinensalat Orangensaft und 2 EL Zucker verrühren. Minze waschen, trocken schütteln und in dünne Streifen schneiden. Nektarinen waschen, halbieren, entkernen und in dünne Spalten schneiden. Beides mit dem Orangensaft mischen.

3 Teigplatte mit 2 EL Zucker bestreuen und leicht andrücken. Wenden, die Rückseite auch mit 2 EL Zucker bestreuen und andrücken. Teigplatte erst der Länge nach durchschneiden, dann jeweils in 10 Streifen (ca. 2 cm breit) schneiden.

4 Öl in einer großen Pfanne erhitzen. Teigstangen darin portionsweise von jeder Seite bei mittlerer Hitze 1–2 Minuten braten. (Achtung, sie verbrennen schnell!) Warm oder kalt zum Nektarinensalat reichen.

schwiegermutti-alarm!

Egal ob's die liebste Freundin ist, die Nachbarin mit dem neuesten Tratsch oder eben Schwiegermama. Sobald sich Besuch mit den Worten „Bin gleich da …" ankündigt, wird es stressig. Die kleinen Blätterteigteilchen sind schnell gemacht und auch eine köstliche Knabberei zum Kaffee.

himbeer-softeis-törtchen

Turboschnell! Die gefrorenen Beeren verzaubern Vanilleeis und Buttermilch in wenigen Sekunden in cremiges „Softeis“

ca. 20 Minuten · *ganz einfach* · *Stück ca. 80 ct* · *Stück ca. 200 kcal · E 4 g · F 9 g · KH 25 g*

Zutaten für 4 Stück:

- 50 g weiße Schokolade
- 2 EL Kokosraspel
- 250 g TK-Himbeeren
- 100 ml kalte Buttermilch
- 100 g Vanilleeis
- 4 Baiserschalen (à ca. 10 g)

1 Schokolade grob hacken, im heißen Wasserbad schmelzen. Kokosraspel in einer Pfanne ohne Fett rösten, herausnehmen.

2 200 g gefrorene Himbeeren und Buttermilch in einen hohen Rührbecher geben, 3–5 Minuten stehen lassen. Eis zufügen und alles mit einem Stabmixer pürieren.

3 Baiserschalen auf vier Teller setzen. Himbeereis sofort darauf verteilen und mit restlichen gefrorenen Himbeeren belegen.

4 Einen Teelöffel in die flüssige Schokolade tauchen und Schokolade in Streifen über die Törtchen tröpfeln. Mit Kokosraspeln bestreuen. Sofort servieren!

eiskalt püriert

Die Himbeeren müssen in fast gefrorenem Zustand püriert werden, sonst ist die Konsistenz zu weich, und statt Eis gibt's nur eine Creme. Wer also frische Früchte verwendet, erst einfrieren!

erdbeer-blätterteigstreifen

Diese süßen Teilchen sind so gut, dass Sie zum Sonntagskaffee besser für jeden ein zweites einplanen

ca. 50 Minuten + Auskühlzeit · *ganz einfach* · *Stück ca. 85 ct* · *Stück ca. 490 kcal · E 6 g · F 31 g · KH 41 g*

Zutaten für ca. 8 Stücke:

1 Rolle (270 g) frischer Blätterteig (aus dem Kühlregal)
1 Eigelb (Gr. M), 1 TL Milch
4 EL Hagelzucker
500 g Erdbeeren
250 g Vollmilch-Joghurt
250 g Mascarpone
50 g Zucker, 2 EL Eierlikör
125 g Schlagsahne
1 Päckchen Bourbon-Vanillezucker
4 EL Erdbeergelee oder Erdbeerkonfitüre

1 Backofen vorheizen (E-Herd: 200 °C/Umluft: 175 °C/Gas: Stufe 3). Teig auf dem Papier entrollen und quer einmal durchschneiden. Die Teigstreifen an den Ecken jeweils ca. 2 cm diagonal einschneiden. Teig rundherum etwas einklappen, sodass ein kleiner Rand entsteht.

2 Eigelb und Milch verquirlen. Teigränder damit bestreichen und mit 2 EL Hagelzucker bestreuen. Im heißen Ofen ca. 20 Minuten goldbraun backen. Herausnehmen und auskühlen lassen.

3 Erdbeeren waschen, putzen und halbieren. Joghurt, Mascarpone, Zucker und Eierlikör glatt verrühren. Sahne mit Vanillezucker steif schlagen und unterheben.

4 Jeweils die Hälfte Mascarponecreme auf einem Blätterteigstreifen verteilen. Gleichmäßig mit Erdbeeren belegen. Gelee bzw. Konfitüre erwärmen, glatt rühren und darüber verteilen. Mit restlichem Hagelzucker bestreuen. In Stücke schneiden und sofort servieren.

sahne-mandel-butterkuchen

Backe, backe, Becher! Bei diesem Rezept ist der Becher Schlagsahne doppelt wichtig: zum einen für den guten Geschmack, zum anderen zum Abmessen der übrigen Zutaten

ca. 45 Minuten + Auskühlzeit · ganz einfach · Stück ca. 20 ct · Stück ca. 210 kcal · E 4 g · F 12 g · KH 20 g

Zutaten für ca. 24 Stücke:

- 1 Becher (200 g) Schlagsahne
- 1 ½ Becher (ca. 300 g) Zucker
- 1 Päckchen Vanillin-Zucker
- Salz
- 3 Eier (Gr. M)
- 1 ½ Becher (ca. 210 g) Mehl
- ½ Päckchen Backpulver
- ½ Paket (125 g) Butter
- 6 EL Milch
- 2 Beutel (à 100 g) Mandelblättchen
- Backpapier

1 Ein Backblech (ca. 35 x 40 cm) mit Backpapier auslegen. Ofen vorheizen (E-Herd: 175 °C/Umluft: 150 °C/Gas: Stufe 2). Sahne in eine große Rührschüssel gießen. Den Becher abwaschen, abtrocknen und als Messbecher verwenden.

2 Die Sahne mit den Schneebesen des Handrührgeräts steif schlagen und dabei 1 Becher Zucker, Vanillin-Zucker und 1 Prise Salz einrieseln lassen. Eier unterrühren. Mehl und Backpulver daraufsieben und unterrühren.

3 Teig auf das Blech streichen, im heißen Backofen ca. 15 Minuten goldgelb backen.

4 Für den Guss Butter in einem Topf schmelzen. ½ Becher Zucker und Milch einrühren. Mandeln unterheben. Mandelguss auf dem Kuchen verteilen und bei gleicher Temperatur 12–15 Minuten weiterbacken. Auskühlen lassen. Dazu: Crème fraîche und Pflaumenmus.

becherlehre

Mithilfe der Becher backen Sie schnell und unkompliziert, ganz ohne Küchenwaage. Wichtig ist, sie beim Abmessen immer gestrichen voll zu machen. Da nicht alle Becher gleich groß sind, können die Grammangaben leicht variieren.

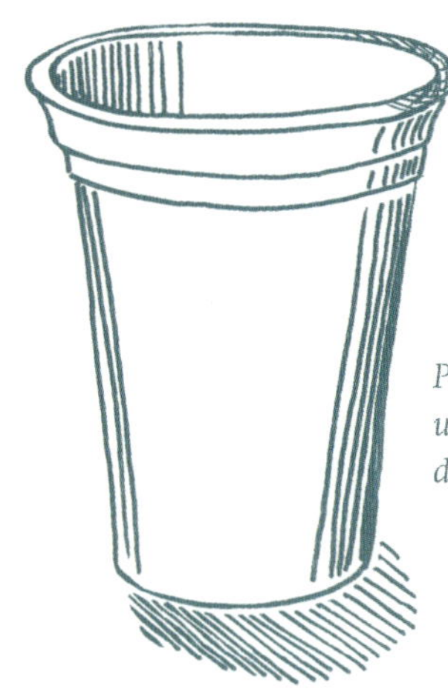

Protagonist in unserem Rezept: der Becher

coconut-cranberry-cookies

Schon die Indianer mochten diese kleinen roten Früchte. Cranberrys, die amerikanischen Verwandten der Preiselbeere, geben den Kokoskeksen eine fruchtig-herbe Note

ca. 45 Minuten + Auskühlzeit · *ganz einfach* · *Stück ca. 20 ct* · *Stück ca. 200 kcal · E 2 g · F 12 g · KH 20 g*

Zutaten für ca. 20 Stück:

- 200 g weiche Butter
- 170 g Zucker
- 1 Ei (Gr. M)
- 180 g Mehl, Salz
- 100 g Kokosraspel
- 125 g getrocknete Cranberrys
- Backpapier

1 Zwei Backbleche mit Backpapier auslegen. Butter und Zucker mit den Schneebesen des Handrührgeräts ca. 5 Minuten cremig rühren. Ei unterrühren. Mehl und 1 Prise Salz darübersieben und unterrühren. Kokosraspel und Cranberrys unterheben.

2 Ofen vorheizen (E-Herd: 175 °C/Umluft: 150 °C/Gas: Stufe 2). Je 10 Teighäufchen auf die Bleche setzen. Mit einem Esslöffel flacher drücken, sodass runde Kekse (6–7 cm Ø) entstehen. Cookies nacheinander im heißen Backofen 8–10 Minuten backen. Auskühlen lassen.

Griff

platz da!

Den Teig mithilfe von zwei Esslöffeln auf dem Blech verteilen. Dabei um jedes Teighäufchen viel Platz lassen, weil sie beim Backen auseinanderlaufen.

Domino®
INSTANT SUPERFINE SUGAR
STAR CORPORATION N.Y. N.Y. 10020

register

p

q

r

s

t

w

z